谨以此书

献给走向高三和正走在高三路上的母亲和她的孩子

等着你的绽放
我的小孩。
或许你只是
寻常的一朵花，
将湮没于
红尘阡陌中。
可是，
对于我来说，
你是唯一的，
你的绚烂，
将无可替代。

等待绽放

DENG DAI ZHANG FANG

丁立梅
DING Limei
zuopin
作品

金城出版社
GOLD WALL PRESS
·北京·

图书在版编目（CIP）数据

等待绽放 / 丁立梅著 . — 2 版 . — 北京 ：金城出版社有限公司，2022.7
ISBN 978-7-5155-2195-4

Ⅰ . ①等… Ⅱ . ①丁… Ⅲ . ①中学生－学习方法－高中②高等学校－入学考试－经验 Ⅳ . ① G632.474
② G632.46

中国版本图书馆 CIP 数据核字 (2021) 第 077522 号

等待绽放

作　　者　丁立梅
责任编辑　杨　超　彭洪清
责任校对　欧阳云
责任印制　李仕杰
开　　本　700 毫米 ×960 毫米　1/16
印　　张　18.5
字　　数　230 千字
版　　次　2022 年 7 月第 2 版
印　　次　2022 年 7 月第 1 次印刷
印　　刷　天津旭丰源印刷有限公司
书　　号　ISBN 978-7-5155-2195-4
定　　价　45.00 元

出版发行　**金城出版社有限公司**　北京市朝阳区利泽东二路 3 号
邮政编码：100102
发 行 部　(010) 84254364
编 辑 部　(010) 64210080
总 编 室　(010) 64228516
网　　址　http：//www.jccb.com.cn
电子邮箱　jinchengchuban@163.com
法律顾问　北京市安理律师事务所　（电话）18911105819

写在再版之际

这是一本励志书吗？是，许多读者把它这么归类了。一个在高一、高二阶段成绩排名在年级200名（一个年级400多名学生）之外的小孩，高三这年，尤其是高三下学期，通过努力，奋起直追，最终坐上了年级第一的宝座，考上他心仪的大学，实现了人生逆袭。——这听起来，的确很励志。

然而我，还是希望你把它当作一本有关爱与陪伴的书来读，这也是我当年写下它的初衷。我只是如实记录了一个孩子走在高考路上的日常，他有过迷惘和挣扎，遇到过小坎和小坷。所幸，他平安地走过来了。

有不少人好奇地追问，我的小孩当年到底考上什么好大学。他们孜孜所关心的，只是那个结果。我若老老实实告诉你，他考上的并非名校，而是一所普通高校，你是不是很失望？在我眼中，一朵山间小花的盛开，堪比牡丹。因为，它凭借自己的努力，在属于它的时区里，绽放出属于它的绚烂。我的小孩后来读研了，出国留学了，他把自己的平凡人生，过得风生水起。

我们都是凡体肉胎，并没有什么超常才能。为什么要把过高的厚望，寄托在同样凡体肉胎的孩子身上呢？接受孩子的普通和平凡，接受他们的不完美，是我们每个父母必做的功课。

每个孩子，都是上天赐予这世间的唯一，都是特别的，无可取代的。我们要做的，不是把他打碎了，按别人的模样重新捏出一个新的来，而是敞开胸怀接纳他，包容他，欣赏他，耐心地陪着他长大，保护好他的“特别”，让他成为他自己。

每个孩子都是一朵花，只是花期不同而已。请给孩子一些耐心和时间，让他能够健康成长。

我只愿，全世界的花都好好地开。

最后，请允许我摘取部分读者读完本书后的感想，作为此序的补充吧：

> 孩子刚上高三，焦虑中发现了这本书。每晚孩子学习，我看书，渐渐抚平了我焦虑的心情。作者把孩子高三的生活和作为高三家长的生活写得那么真实，和我们普通高三家庭没有区别。原来，每个高三孩子都不是一帆风顺的，不是每个家长都那么心平气和，在书中我找到了作为高三家长应保持的心情和态度，对待孩子的态度也发生了变化。
>
> 等待绽放，每一个孩子都会开出不同的花。非常感谢在孩子高三的非常时期遇到了丁立梅老师。

> 真是一本好书，既抚平了陪伴孩子的焦虑，又润泽甜美了心房。真的，拿它当优美的散文来读，也是相当享受的。

> 此书非常好，大力推荐。小孩读后，面对高考心里的迷茫少了许多，有了努力的方向。内心的压力也不会过多到超出她的负载，使她畏惧高考。而我们家长读后，也不会再像以前一样，有着中国式家长常出现的焦虑，并把这种焦虑带给孩子，无形之中给孩子增加压力和焦虑。读这本书也给我提供了许多宝贵的高考家长经验，让

我学会怎样在孩子上高三时正确对待和处理与孩子的日常交流。孩子因为学校远要住宿，以前周末回家没聊几句就不欢而散，这让我内心既心痛又不知所措……现在好了，此书解决我一大难事！真心推荐给准高三家长们看。

梅子老师，看你的书每每有泪盈于眼眶，仿佛看到了我自己和孩子。以前对孩子有太多的焦虑，面对高考，太多的功利心让我迷失了自己教育孩子的初心，就像你说的等待孩子慢慢绽放，因为每一个孩子都有花期，或长或短，我们只需要用我们的真心和耐心，陪孩子共同成长。

才看了几页，可是我已经用了许多纸巾。语言细腻，每句话都敲在心上；感情深厚，是做母亲的心里最深的共振。

网上搜索到了丁立梅的《等待绽放》，迫不及待打开一看，遇见好书了，有种不舍得读的感觉。作家的文笔很优美，记录下每天陪伴高三孩子的点点滴滴，字里行间，都透着温暖和体贴。孩子的成功，跟父母真的有很大的关系，陪伴才是最好的幸福。

成长的路上不可不读之书，每一段都很有感触。感谢作者大大，让这么一部好书陪伴了我。

目录
CONTENTS

第一辑 一只新剥开的笋

第二辑 刹那烟火

第三辑

流星雨

第四辑

破茧成蝶

目录
CONTENTS

第六辑

每一棵树，都有自己的图腾

第七辑

无处不飞花

目录 CONTENTS

窗外，暗夜的天幕上，星星在跳着舞。而我仿佛看见无数的太阳升起，水波都开了花。

第一辑

PART I

一只新剥开的笋

一只新剥开的笋

9月1日　星期二　天气阴

几天前，你就着手做准备，你挑了最好的衣，放在一边，留着开学这天穿；你把乱七八糟的书桌收拾好了，摆上新买的文具用品；你换掉背了两年的背包，软磨着让我给你重买了一只新的；你还在墙上贴了一张宣言般的小纸片，上面只有三个字：

高三了！

我问，紧张吧？

你自信满满地答，怕什么！这个时候，对你来说，高三是只新剥开的笋，鲜嫩，光洁，充满泥土芬芳的气息。

凌晨四点多，向来晚睡的我，早醒了。听听你房间动静，无声无息，你在安睡。你爸随后也醒了，我们小声说着话，静等着你起床的时间。

五点五十，准时叫醒你。

外面的天，雾蒙蒙的，下着雨，细细密密。秋了。季节的轮换，由不得人。如同人生的轮换。

你兴兴地收拾妥当，兴兴地出门，奔着你那只“新笋”而去。这一天，你过得异常新鲜：你们搬到新的教学楼；你们换了新的任课老师；你们班上来了两个新同学。

你跟我讨论台湾某作者写的一篇文章，有关他当年如何求学的。你用的是从未有过的敬佩语气，你说这篇文章对你的触动相当大。我不知那是一篇怎样的文章，但你好像下定决心了，从今天起，一定要好好努力。你说，人的成长是一个过程，当他不肯努力的时候，外界再强迫也不行。当他自己知道要努力的时候，那是谁也拦不住的。

我的心，就那样，漫过一汪水。我的小孩，十七年来，我和你爸一直期待的，就是你这句话啊！

你在客厅做英语，听听力，且大声跟着读。宁静的夜，被你搅出一轮一轮的细波来。窗外，暗夜的天幕上，星星们在跳着舞。而我仿佛看见无数的太阳升起，水波都开了花。一时惊喜不已。最是你爸，眉开眼笑地躲在房门后，偷偷看你在客厅用功的样子，并模仿了给我看。我们乐在其中。

我的小孩，你是我们心头最大的欢喜，也有可能成为我们心头最大的悲痛。

我但愿，只是欢喜。

成功的另一层含义

9月3日　星期四　天气晴

这样的天气，真正好，云白白的，天蓝蓝的，人也水水的。

一些花还在开。从路上过，我注意地看了看，我看到了扁豆花、野葡萄花。紫薇开花，最为繁密，是一场浓浓烈烈的人生。不到秋深，它绝不会谢幕。

开学虽说才三天，你已表现得很在状态了：早上五点五十起床（不像过去那么赖床），六点开始听英语听力，背英语单词；午饭后，做半个小时的练习，英语或数学；晚上，去学校上完晚自习，九点半到家，做课外辅导练习，或写作文。近凌晨入睡。

你捧出这两天做的数学试卷给我看，上面写着密密麻麻的字。每道错题旁边，你都标注了一个数字，有标6的，有标5的，那是代表你做了 6 遍或 5 遍了。你说，现在每道错题你都争取做 10 遍，直到它在大脑里根深蒂固。

我赞许了这种方法，记忆的巩固与加深，有时需要不断重复。所谓熟能生巧，用在学习上，同样行得通。然又替你担心，那么多的题，你一题要做10遍，该做多少？你回我，不怕，时间是挤出来的。又说起台湾那个作者来，你说他在考学前，每次都是跑步去上卫生间，去时手里还抓着一本要记的书。

我真感谢那个作者，他也许永远也不知道，他的一篇文章，对一个孩子，产生了多么大的影响。你在纸上列出将来的目标，高考语数外三门的总分是：410分。好吓人！这分数对于寻常的你来说，不啻是攀高峰。

我说，你考到这分数，北大也要来抢你啊。

你问我，北大就很好么？

我说，不，咱那时就随便拣学校上，天下学校任我行。

你眼睛里冒出憧憬的火花，像暗夜里的萤火，一闪一闪的。随后，却熄灭了。你说，妈妈，这是我达不到的目标。

是啊，凭你薄弱的基础，要达到这个目标，真的相当难。然妈妈以为，一个人真正的成功，不在于目标达到与否，而在于奔向目标的那个过程中，他是否努力了。

如果你努力了，就是最大的成功。祝福你，我的小孩！

闲话一箩筐

9月4日　星期五　天气晴

你说，我们聊聊吧。

这是高三入学以来的第四天。

晚自习归来，你神情倦怠，说，吃不消了。

你说今晚不想做任何事，就想和我聊天。妈妈，我们聊聊吧，你一再要求。

好，咱们聊聊吧。我放下手头正在赶写的稿。还有什么比你更重要？没有的。

我轻轻拍拍你的脸，我说，放松，放松，弦绷得过紧会断的。

你笑了，跑去拿一只苹果来，让我给你削皮。削好的苹果，我们分着吃，你吃一口，我吃一口。时光被一只苹果，浸得蜜甜的。

你絮絮地说着学校的事，班上的事。评价哪个老师的课好，哪个老师的课不好。你提到你的同桌严，因父母离异，导致那孩子性格有点怪异，有时课上得好好的，他突然招呼也不打一声，就自行跑出去。但这孩子跟你关系特好，你们一起研究数学题，一起捉弄女生，一起买零食吃。

一个姓李的女生，教工子女，人很聪明，很活泼，是你们捉弄的对象。你们常常捉弄得她大叫大嚷，给沉闷的学习，带来很多的快乐。

我担心地说，女生是要宠的，你们这么捉弄她，她会不会生气？

你说，不会，她跟我们关系好，她跟每个同学的关系都好。只是她太贪玩，不爱学习。你的口气，俨然很成熟。

我忍俊不禁地听着。

你告诉我，下课了，你从不离开座位。课间十分钟，你都用来背书了。后来你发现背书效率不高，便改做数学题。十分钟，你可以做两道数学题。

你说：我现在头脑里也不乱想了，高二喜欢过的女生，我现在也不喜欢了。我问，为什么？你回，高三了，没时间喜欢了。

你突然抿了嘴，神秘地笑。我也不说话，看着你笑，单等你憋不住了说出来。果真的，你说了，你说严最近又喜欢上一个女生，别的班的，在楼梯上看过一眼后，他就猛追。

追上了没有？我有点好奇。

没有，那个女生不理他，你哈哈笑。

那个女生好看么？我逗你。

也就一般般吧，你说。随即转移话题，谈到眼睛近视。你很担心你的眼睛。你现在的眼睛，深度近视了。这真让我痛心不已。想当初，你有一双多么明亮的大眼睛啊，长睫毛，比女孩子的睫毛还要长，怎么不知不觉就近视得如此厉害呢？

你说，上了这么多年学，不近视才叫不正常呢。

也是，从幼儿园算起，你都上15年学了。15年，人生有多少15年？想想真是可怕。

我们又闲闲地聊了些什么，闲话装了一箩筐。近凌晨了，我问你，可以洗洗睡了么？你答应一声，好。过来摸我的头，摸我的脸，你温柔地说，谢谢妈妈。我也摸你的头，摸你的脸。我确信，这个小孩，我爱。

痘　痘

9月5日　星期六　天气晴

早晨，我被你的读书声唤醒，你在客厅读英语。

睁开眼，外面天空晴朗。而我，怎么会在梦中听到雨声呢？滴答滴答，滴答滴答。好长时间没下雨了。

心满意足地聆听你的读书声，多像小鸟在唱歌啊。觉得现在拿一个世界问我换你，我也不换的。又觉得，这样的小孩，我可以养十个八个，养着玩。

你读完书，跑到我的房内来，俯身在我的床边，摸我的脸，很轻地摸。这是我们惯有的动作。不知这样的亲昵，会保持到什么时候。我希望，是一辈子。你呢?

上午，你爸特地从单位赶回来，带你去医院看脸。一个暑假的工夫，你脸上，冒出无数颗小痘痘，很是惨不忍睹。你在太阳下，用镜子照，你说，妈妈，你看，你看，多恐怖啊。

我跑过去看，真心疼。上帝，你咋可以让我的小孩，长这么多的痘痘在脸上呢?

我查阅过，那是皮肤病，决心一定要帮你治好它。

医生开了一些药，有内服的，有外搽的。

你爸帮你把一些脓疱疱挤掉了，然后涂上药。你的脸火辣辣的。你说，疼。我让你忍一忍。再忍一忍，也许就好了。

以为你会介意那张脸，却没有。下午你顶着那张脸，一路如风地跑去学校打篮球。等你归来，我看到你脸上的汗水与药水混杂着，皮肤红得很可怕。我有些心虚地问你，你出去，别人没说你什么吧?

说了，你猛喝一口饮料，说，有同学笑我的脸像只大烧饼。有老师很同情地看着我，问我的脸怎么了。我告诉他们，长痘痘了呗。

这有什么，这说明我青春！你又猛喝一口饮料，该干吗干吗去了。

我有些惭愧，觉得我不如你，你是脸上长痘痘了，而妈妈，是心里长痘痘了。

你说红楼

9月6日　星期日　天气晴

秋天，呆掉了。太阳一个劲地猛烈，热辣辣，比夏天有过之而无不及。

辛苦的是那些奔波的人，大太阳照着，依然要奔着各自的生活去。我的小孩，当你遇见那些人，请你一定要心怀敬重，活，不是一件容易的事。

这是周末，我和你爸，哪儿也没去，在家陪你。我写作，你爸看书，你做作业。窗外偶有蝉叫声传过来，一声短，一声长。时光静。

你埋头做了一套有关《红楼梦》的练习。现在你们的语文课外阅读，有指定必读课目，我国四大名著，基本都收进去了，很好地弥补了你们阅读的空白。

一本书，把它往深处读，会发现很多妙不可言的事。你远不是几年前那个稚嫩的你了，那时，我曾推荐你读《红楼梦》，你走马观花一回，然后告诉我，不就是一个男孩和一个女孩谈恋爱么！一点都不好看。现在，你不这么讲了，你越读越觉出味道。

我们聊到里面的茶、饮食、植物、诗词，甚至服饰，你侃侃而谈，越发感慨，《红楼梦》是前无古人，后无来者啊。又感慨，高鹗的续集写得实在不敢恭维，咋可以把宝钗写得那么俗那么差呢？你对薛宝钗的印象很好，你觉得她不是个薄情的人。人心叵测，她能在其中，保持宽厚，实在算得上是仁慈的。你最喜欢的人物，是里面的袭人，你说你也喜“花气袭人”这句。世人对她的评价，你不苟同，你说怎么可以把袭人认为是卑躬屈膝的呢？她是那么善解人意。

我不仅仅是为你高兴，我简直为你骄傲了。我的小孩，你终于能够读懂一本书，你有自己的见解了。

中午，你爸带你去验光。你把好消息带给我，说你的视力没有下降，反而升了。好啊！好啊！我高兴。

你还顺便到新华书店买了一套数学试卷回来，准备花时间做。

摸底考试

9月8日　星期二　天气阴

进入高三了，考试就成了家常便饭，频繁而寻常。

今天，你迎来了高三第一次摸底考试。所谓摸底，就是称称你们每个学生的分量，然后区别对待。成绩好的，老师是要重点培养的，他们在班级的座位，都排在前面。成绩差的，只要上课不捣蛋，老师一般不大再过问。他们的座位，也都排在后面。

现实是这等残酷，所谓成者王，败者寇。然它又有公平的一面，竞争面前，人人平等。

你说这次一定要考好，要证明一下给老师看。

你有这想法，我求之不得。

上午考语文，你的感觉不好，你说，考得很糟糕。尤其是作文，题目叫《信号》，你完全不知道怎么写。我指指窗外，我说，风开始凉了，叶开始掉了，这是季节发出的信号，你也可以从这方面入手写啊。

你难得的很谦虚地对我说，妈，这次考完后，你教我怎么写作文吧。

我生怕你反悔，赶紧满口答应。我的小孩，你什么时候这么谦虚好学过？以前每每叫你写作文，你都弄出一副受压迫受虐待的样子来，搞得我像后妈。

天气也真的转凉了。我们不再谈考试的事，你抱出一堆数学试卷做，草稿纸乱乱地扔了一纸篓。

你脸上的痘痘消去不少。这两天，我都煨鲫鱼汤给你喝，每次要花费近两个小时的时间，慢慢煨。因你，我的厨艺日益渐长，我都准备去考厨师职称啥的了。

你睡得晚，要到凌晨之后才入睡。劝你早睡，你舍不得，执意要熬着。实在瞌睡得不行，你跑到我身边来，让我陪你说话。因脸上长痘痘，咖啡是不能喝的，浓茶是不能喝的，你让我上网查，看有什么可以提神。我搜索了一下，竟跳出上千条相关信息，绝大多数发帖询问的，都是如你一样的高三备考生。天下最苦的是学子。

其中有一条后面的跟帖，让我和你笑了大半天，那跟帖竟是：头悬梁，锥刺股。中国的读书人，从古至今，都没能落得轻松啊。

有点小意外

9月10日　星期四　天气晴

傍晚放学回家，你人才到楼梯口，就叫唤开了，妈，妈。你小羊羔似的唤。

看你，一脸的喜洋洋。我疑惑地问你，有什么好事儿?

你猜，你猜，你在我面前卖起关子。

我眼巴巴看着你，你却偏不说。嘴角边的笑，花香似的，满溢开来。

我才不急呢。我转身给你做饭，白米饭，鲫鱼汤，白水肉，另加一个素菜，都是清淡一些的。

你跟前跟后，我跑到客厅，你跟到客厅。我进厨房，你跟到厨房。

一边探寻地看着我的眼睛，问，妈妈，你真的不想知道是什么事吗？

我故意摇头。

你到底憋不住了，告诉我，你考进班级前十名了。那篇你认为写得很糟糕的作文，居然得了59分的高分（作文总分70）。加上数学考得不错，总分立即跃到班级前列。

你忍不住自恋道，啊，妈妈，我考得还不错，还不错。

这真是有点小意外。要知道，这是你开天辟地头一回啊，想想高一高二阶段，你那个堕落啊，成绩从未进过班级前三十名的。

你爸得知，立即喜形于色，不忘发表他的见解，儿子，这就是前一阶段你努力的结果，所谓一分耕耘，一分收获。

你难得的没回他的嘴，笑嘻嘻的，算作默认。

晚饭后，你爸拉我去超市买东西奖你。你说要喝绿茶，一进超市，他就奔着卖茶叶的货架去了。看到绿茶，两眼发光，转头对我叫，啊，快来快来，儿子要的茶叶在这儿。

我那个乐啊，我问你爸，知道猪是怎么死的吗？你爸茫然看我。我说，笨死的。这个笑话，是从你那儿学来的。

你要喝的，不是泡的绿茶，而是饮料绿茶。

我们给你买了绿茶。买了蛋糕。还买了水果粥，留着你当夜宵吃。

把这些东西搬回家，我和你爸是喜滋滋的。我们现在谈到你，都是喜滋滋的。一个勤奋上进的小孩，会让父母少操多少心哪。想想游戏厅里的那些孩子，整天昏天黑地蹉跎光阴，我直直庆幸，我的小孩不是这样的。

拦路虎

9月12日　星期六　天气晴

周末，我和你爸去购物，你一个人在家。

客厅的桌上摊了一堆的书，你把身子埋在书堆里。我跟你招手，我说，我们走啦。你略微抬了抬头，对我们摆摆手，复又低首到书堆里。不像以往那样，吵着要跟我们出去。然在我们开门出去时，你突然追上一句，妈，给我带好吃的啊。

我“扑哧”笑了，你看你这出息的！到底还是个孩子啊。好，你现在就算要吃天上的月亮，我大概也会想办法摘下一个给你。我和你爸一边说笑着下楼，一边不可置信地感慨，你说一个小孩，咋说变好就变好呢？特别是你爸，总抑制不住要笑，一个劲叹，哎，我家潇潇。哎，我家潇潇。

却遇到拦路虎——英语。你现在花在英语上的时间，是其他学科的双倍，效率却不高。

英语单词你会拼写，中文翻译却怎么也记不住。你尝试了很多方法，甚至把它写成小纸片放在身上，边走边记，还是不行。

这让你头疼无比。每次英语默写，因不过关而被老师留下的学生里头，准有你。你急。某天，你看一本杂志后面附的广告，推荐一套光盘，云及短期内就能训练出一口流利的英语，你眼睛亮了一下，说，妈，不如买一套回来试试？我说，除非那套程序，能在你大脑里安装，否则，那些外在的东西，有什么用呢？

你想想，也是。无奈地又捧起英语，一个单词念得我都记住了，你还是没记住。

这真是没办法的事，也只能，等，等你慢慢掌握了学习的技巧。别人的方法，对你未必适用。

你现在每天的睡眠时间只有六个小时，包括中午午睡的半小时。你说还要缩减，从下个星期起，你打算夜里十二点睡，凌晨五点起。你说时间不够用，每天制订的计划，都完成不了。

我一面欣喜，一面心疼。我的小孩，咱不急，慢慢来，什么事都自有它的弹性限度，超过了这个限度，只能适得其反。

做个幸福的平常人

9月13日　星期日　天气晴

妈妈的一个男同事，一个文采斐然的人，今日午后，突然从22层高的楼上，纵身一跃。

这会儿，他在哪里？没有疼痛了。世界于他，彻底关闭。

他死于孤独，还有，自以为是的怀才不遇。留下生病的妻，和正读初中的儿子。他们的悲痛，谁能承接？谁也不能的。谁的疼痛，谁自担待着。我亲眼见到他的妻儿，悲痛欲绝，泪水长流。

对于这个世界来说，少去一个人，就像少去一片云，少去一根草，少去一抹烟尘，无有改变。而对于一个家庭来说，那是天空塌崩、大地沦陷，山川河流从此失了色。他的母亲，再没有儿子可依靠；他的妻子，再没有丈夫可厮守；他的儿子，再没有父亲可疼爱。一个人的生命，原不仅仅是他（她）自己的，还是亲人的，朋友的，怎么有权利自个儿处理呢？我的小孩，你要记住妈妈的话，不管到什么时候，不管在什么境况下，你一定要珍惜生命，不要轻易伤害它。因为你这条命，也属于爱你的人的。

你听我说起这事，半天沉吟不语，脸上笼着一层阴影。后来，你抛开桌上的练习，你说，你要去打一会儿球。

这是你每周必进行的一次体育锻炼，我强烈支持。

傍晚六时，你才从学校归来。有点郁闷地说，今天打的球实在臭，几乎都被别人咔嚓掉了。我说，咱又不是专业训练的，打得臭就臭吧，只要跳两下子，起到锻炼的效果就好。

事事完美，怎么可能？且绝对完美的事，在这个世上根本不存在。我的小孩，妈妈希望你，开朗，乐观，包容，能与这个世界和睦共处。我们也许不是那个优秀的，但我们可以做个幸福的平常人。平常地生活着，就可以了。

时间是海绵里的水

9月16日　星期三　天气阴

没有雨的秋天，是不算数的。

秋天最正式的一场雨，也终于来了。雨从夜间开始下，打在人家的雨篷上，打在人家的车棚顶上，打在一些植物上。那声音是有分别的，打在雨篷和车棚顶上的，很像急行军，浩荡着一队人马，嚓嚓嚓，嚓嚓嚓，风驰电掣地赶往一处去。脚步叠着脚步，等不及的，一声更一声，短促，急吼吼的，声势赫赫。打在植物上的，则有抚摸的意思了，沙沙沙，沙沙沙。仿佛哪里伸出无数双小手，在温柔地抚着。一下，一下。

早起读书，你读累了，躺到我的身边来。雨声在窗外，你的呼吸在身旁，我心里漫过细雨一样的柔软。看你学习这么苦，妈妈真有点舍不得啊。我静看着钟表，五分钟过去了，十分钟过去了，真想让你再多躺一会儿。然，上学的时间就快到了。我轻轻叫醒你。你睁开眼，恍惚了一下，然后一跃而起，去收拾散落了一桌的书。

时间是海绵里的水，挤出来的。这话，你从一篇文章中拿来，当作你这段时期的座右铭。

我看雨，很有些绵绵的，一时半会儿停不下来。空气被浸泡得很有些凉意。一雨成秋。叮嘱你另加一件外套，你答应一声。背包背在身上，复又回转过来，俯身亲我一下，也让我亲你一下，说声，妈妈，我走了。

这样的小别仪式，我们几乎每天都做。你我一天的幸福，也便从这里开始了。我很喜欢这个仪式。如果爱，就表达出来。人与人，不冷漠，多好。

最近你的饮食也正常，早上一碗绿豆粥、两个小馒头，外加一小杯牛奶。午饭和晚饭，都搭配了鱼和肉，也诱骗你吃一些蔬菜。你是惧怕吃蔬菜的。

知不足而后补

9月18日　星期五　天气晴

太阳好得能把人晒化了。有个词叫艳阳高照，很形容。真的就像聚光灯高照，一屋子通亮。

傍晚，起风了，风吹在身上特别舒适，是极温柔体贴的。空气中，满满的桂花香，让人舍不得走开。啊，只能慢慢挪着步，每一步里，都缠着香。

街边水果摊的桃，诱惑着我。明知家里还有呢，还没吃掉的，还是忍不住停下来，问价，而后装袋。那么大个的桃，青皮，红唇。越看越爱，——我要带给我的小孩吃。

你的学习，一如既往，认真得让我们感动。

每晚，都要几次三番催你早睡。你总是这么回我们，嗯，让我再学一会儿吧。

大清早的，我尚未完全从睡梦中醒过来，已听到客厅的步步高里，在播放你的英语磁带，你在读英语。

早饭喝绿豆粥，吃馒头。今早我和你爸商量，决定给你增加营养。你爸说：我去买只小公鸡给儿子补补身子。刻不容缓的样子。惹得我发笑。

你累了，依旧要躺我身边一会儿。放学回家来，依旧要坐我膝上，让我抱一会儿。这样的亲昵，你说，到上大学后，也要，也要的。

那么好吧，你不长大，妈妈也不长大，咱们永远这样。

你对现在的学习，信心满满了。换了个政治老师，你明显进步多多。过去，我一提到你书上的东西，你是这儿也不知，那儿也不懂，全是一团糨糊。现在，你可以跟老妈侃侃而谈了。书上的概念，你掌握得很好。有不懂的，我稍稍点拨一下，你就懂了。

你还听出语文老师讲错的地方。《旧五代史》是薛居正写的，老师讲成是张居正写的了。你说张居正是明代人啊。嘿，高兴，你能知道张居正。

你也能清醒地认识到自己的不足：

一、历史。课本上的知识，你无法灵活运用。尤其是大的论述题，你觉得答得差不多了，却与答案相差千万里。

二、语文。你有种无从下手的感觉，阅读分析、古诗鉴赏、古文翻译，还有现代文重新释义，这些方面，你都很欠缺。

唯一让你满意的，是数学，你觉得你很有些数学细胞。

我问，那怎么办？

你说，补呗，知不足而后补。

呵呵，我的担心，真叫多余。

每种植物，都有一个好听的名字

9月20日　星期日　天气晴

有一种菜，叫花菜。很好听的名字。你对它情有独钟，每天跟我说，妈妈，今天用花菜炒肉好呀？

我也喜欢把一种洋蒜放在里面一起炒。色泽上好看多了，绿的配了白的。大俗。如此，是过日子的景象。

你脸上的痘痘，顽强得跟一群英雄似的，一个消失了，另一个又冒出来了。

你不是不介意，我看你在镜子前，停留的时间越来越长了，不断用手挤那些痘痘。我阻挠，不能挤，会留疤痕的，以后会找不到女朋友的。

你乐了，说，你儿子这么帅，到时只怕女生们全跟我后面追。

你不因痘痘而沮丧，即便有女同学开你玩笑，说你脸上像开了烧饼店，你亦没表现出多大的失落，还当作笑话学说了给我听。我真为你的心胸如此开阔而高兴。

还是去给你配了一些中草药。用中草药慢慢调理吧，或许会好些。是药三分毒，所以能不用的西药，我向来不肯给你用。在妈妈看来，中草药不算药的，那是植物们在相会呢。什么当归，什么辛夷，还有连翘和沉香，每种植物，都有一个好听的名字。让人直直觉得，喝下它，是多么美好的一件事。

现在，一堆中草药堆放在柜子上，很素朴，很安静。只不知，你肯不肯喝。

这个周末，你小放松了一回，早上睡到七点多才起床。作业亦是断断续续地做。晚饭前，你告诉我，你今天一直不在状态。你要求道，晚饭后，我们一起散散步吧。

于是，一家三口，牵手出门。妈妈在中间，你和爸爸，一人牵了妈妈一只手。我扭头看看这个，看看那个。我确信，这两个男人，我爱。很爱。我大踏步甩着胳膊往前走，你们也跟着甩。你老爸还喊起口令来：一二一，一二一……全然不顾路人侧目。

嘿，也是，我们的幸福，是我们的，碍路人什么事呢？

乞力马扎罗的雪

9月22日　星期二　天气晴

去拜访了你的班主任邓老师，他教你的数学。

邓老师夸你聪明，说你极有灵气。只是你做题相当慢，你们一节课做一张数学试卷，你后面的大题目有两题没做，而那两道题，都是你应该会做的。

回来问你为什么。你轻描淡写地说，没来得及。

怎么会来不及呢？原来，你在前面的填空题上狠花工夫，一遇难题目，你不懂得放手，而是一味地在上面纠缠，纠缠。结果是，后面会做的题，你反而没时间做了。

我的小孩，你这种做法，不可取。懂得适度放手，才能有所收获。

小到做题，大到做人，都如此。有时，你要与自己和解。

邓老师跟我聊了高三以来你的转变，他也认为，你很认真。还把你树为典型，用来教育全班学生，让他们向你学习。

我有些恍惚了，浮华表象的背后，到底是什么？就像你说的，近一个星期以来，你的学习都不在状态。我也觉得，你不似以前出效果了，好久没听到你朗朗的读书声了，每天，你都在疲于应付老师布置的作业。这样持续下去，你会疲沓的。

妈妈还是那句话，你要懂得适度放手。没办法攻克的“堡垒”，咱暂且放一放，先把那些容易的对付掉，然后再集中力量攻克“堡垒”，这样可以确保阵地不失哪。

这会儿，我在听一首曲子，曲名叫《乞力马扎罗的雪》。你也爱听。我是偶然发现这首曲子的，一下子被震慑住了，那么深的呜咽，雪的呜咽！眼光攀不上的山。山顶上的积雪，终年以羊的姿势匍匐着。风吹过来，是冰的。吹过去，亦是冰的。那些深情的吟唱，那些如泣的倾诉，谁听得见？曲子兜兜转转，转转兜兜。

海明威在小说《乞力马扎罗的雪》里写道：“乞力马扎罗是一座海拔一万九千七百一十英尺的常年积雪的高山。”而这座常年积雪的高山，据说现在积雪已渐渐融化，以永不再现的姿态融化着。我的小孩，你要明白，人类若不懂得适度放手，最终毁灭的，只能是自己。

玉・四季豆

9月25日　星期五　天气晴

我来东北开一个笔会。

北方的秋天，艳阳高照。听说家里那边，却是阴雨连绵。

我跟着一群人到了辽宁的乡下，去泡温泉，去冰峪沟游玩。

天空蔚蓝，树绿花好，满眼都是看不尽的好景色，我心里却想着我的小孩你，还有你爸爸。我看到好看的树，也希望你们能看到；我捧起小溪里碧清的水尝了尝，真甜，也希望你们能尝到；我闻到好闻的花香，也希望你们能闻到。一只小松鼠从路边的林子里，跳了出来，看见人，它有点发懵，小尾巴翘得高高的，两只小眼睛傻傻盯着，萌态可掬。我忍不住想，若是你看到，会不会发出欢喜的惊叫？站在冰峪沟山顶的道观前，我俯瞰下面，烟雾缭绕处，是熙熙攘攘的红尘俗世。那一刻，我心里升腾起异样的感觉，我才不要什么修道成仙呢，我只愿在那个红尘里厮混一生，和你，和你爸一起。

我走后的这几天，真是难为你爸了，他推掉所有应酬，一门心思陪你。他陪你聊天，从未那么近的，与你用心交流。他说你的状态很不好，晚上作业做了没多久，就趴在桌上睡着了。他实在不忍，劝你早睡。你揉揉睡意朦胧的眼睛说，不行啊，明天还要默写英语的。然看了一会儿英语，你的眼皮又打架了。如此折腾，总要折腾到凌晨往后。早上五点半，你硬撑着起床，精神却是恹恹的，读一会儿英语，就又瘫倒到床上。结果是，当天的英语默写，你又没过关。

我听了，牵心牵肺地疼。让你接听电话，不敢跟你说别的，只问你好不好。你在那头兴高采烈地问，妈妈，你什么时候回家？

我在一个玉器店门口停下，进去，给你挑了一块玉。青白色，上面雕的是一颗四季豆。卖玉的女子极力向我推荐这款小挂件，她说，这个四季豆好呀，喻义是四季平安呀。

好，就是它了。都说玉能带来好运，我的小孩，我希望这块玉，也能给你带去吉祥平安。

阳光善待每一个爱它的人

9月30日　星期三　天气晴

天气凉下来，这才进入真正的秋天了。

太阳好着。楼后的人家，在门口晒了被子。一条红花的，一条蓝花的，晾在晾衣杆上。我望很久。这样的景象，是俗世里最厚重的温暖。阳光欢快且轻缓地落下来，像一条静静流淌的溪流。阳光善待每一个爱它的人。

从东北开笔会回来，我们，团聚了。

你兴奋得很，午睡时，因得知我要回来而睡不着。

你跟在我身后，呱呱呱地说着话，仿佛蓄了一肚子的话。你说现在每周星期五是你的休息日，到了这天晚上，你什么也不做，只玩。你说你打球了，现在你的球艺进步多了。妈妈，你不知道我运球有多潇洒，你说。

我寻问你学习怎么样了。你跳过去不答，翻看我带给你的礼物，表现出欢喜，且立即把它挂到脖子上。

墙上新贴了你的奋斗目标：中国人民公安大学。不知是不是受你爸影响，你对当警察，忽然来了兴趣。你甚至设想将来会在哪个城市做警察，还把你爸的警帽戴头上，对着镜子，很是顾盼了一会儿。

这目标，好遥远。我和你爸心里都有数，你要实现它，有点难度。然，没有梦想的人生，是苍白的，你能做这样的梦，我还是很为你高兴。

想我们日日相聚，到底还有多久？眼看着你羽毛渐丰，扑着翅就要飞了。以后的以后，很多的岁月里，妈妈的目光，将追随着你四处奔走。长别小聚，将成为我们之间的常态。

芝麻开门

上好“适应”第一课

每个孩子，自从踏进高中的大门，就被学校、家庭、社会等各方面加以灌输：要积蓄力量，向大学冲刺。三年的高中学习，高一是打基础，高二是上台阶，高三是最后一跃。

然在高一高二阶段，对大多数孩子来说，高三还是个很“遥远”的概念，他们对它，更多的是充满好奇，和不关痛痒的观望。他们常常伏在教室外的走廊上，一边打闹说笑，一边打量着高三的学哥学姐们，看他们捧着书本，上楼下楼。看他们紧锁双眉，似有无限心事。看他们故作高深，目不斜视。一场又一场的高三备考，风沙漫漫，硝烟滚滚。教室里，学哥学姐们永远埋着头，像一群鸵鸟，把头埋在沙子里。

这样的日子，离我们还远着呢，他们在心里暗自庆幸。

两年的时光，是长了脚的云，偶一抬头，它已越过头顶去，走向远方。高三的门，在他们跟前，突然“哗啦”一下开了，他们愿意也好，不愿意也罢，都得走进去。周围熟悉的一切，在瞬间变了样，失了原先的亲切和温柔，都变得庄严肃穆，甚至陌生起来，迫切感、使命感、责任感似滔滔江水，滚滚而来，一下子压迫得人喘不过气来。

首先是来自父母的声音。父母说，十年寒窗苦，现在到了你拿出真本事的时候了。电视不要再看了，电脑不能再上了，球也不能再打了，课外闲书也不要再翻了，要一门心思，埋头学习，迎接高考。你考上了，我们的心事也了了，将来你也能有个好前程。

老师的教诲，更是天天响在耳边。老师说，高三是关键的一年，这一年，你们一定要竭尽全力，成功与否，在此一搏！你们的人生，会因此而改写！

美好的大学，真是诱人。而一年的时光，多么难挨！走进高三之门的孩子，这个时候，开始恍惚了，一切都不像真的。可是，它却是真的，它时时刻刻碰触着他们的神经，提醒他们，你是高三的学生了，你要好好用功。

心里面的焦灼，开始蔓生。手忙脚乱，心乱如麻，不知如何应对这高三，不知如何度过这突然改变的一天天，他们整日里神情倦倦，似在梦中，茫然不知东西。又或者热血沸腾，制订下不切实际的目标，以为真的是心有多大，舞台就有多广，只要他（她）稍稍努力，世界就在他（她）手中，而忽视了循序渐进这个道理。

所以，对于刚升入高三的孩子，一定要上好“适应”这一课，要让他（她）不知不觉进入角色，而不是一下子变换角色。这一课，离不开他（她）自身的努力，更离不开他（她）最亲的人——父母的协助。作为这一阶段的父母，要做到以下几个方面：

一、不要整天在嘴上挂着高三，开口闭口都是高三怎样高三怎样，这无形之中，会给孩子带来压力，让他（她）一听到高三，就条件反射。

二、要做孩子最好的听众。由于刚进入高三，孩子的新鲜事不会少，来自老师的，来自同学的。很多的，可能与学习无关，你不要认为那是浪费时间。当他（她）兴趣盎然地跟你说着这一些时，你要微笑着倾听，千万不要不耐烦，更不要粗暴地打断。你的聆听，会让孩子觉得放松和愉快。有了愉快的心情，他（她）很快会与高三融为一体的。

三、不要把孩子的空间，用学习填得满满的。留点空间给他（她），让他（她）自由呼吸。适当地打打球，看看课外书，听听音乐，看看电视，甚至是，和同学结伴外出玩玩，是没有坏处的。只有呼吸自由了，他（她）才能有饱满的热情投入到学习中去。一张一弛乃是文武之道，在高三这个特殊阶段，尤其要做到一张一弛。

四、要帮助孩子正确地估量自己，理智地分析他（她）在各学科上的优缺点，找出其差异性。发扬优点，弥补不足。

五、指导孩子制订切实可行的目标。目标定得太高，跳起来也够不着，那还不如不定。最好制订阶段性目标，譬如，这次数学考了110分的，下次争取达到120分。最后的成功，就是由这一个一个小目标的实现串成的。

六、多找一些成长励志方面的故事给孩子看。丑小鸭变成白天鹅，不是没有可能的事。精神的力量，有时超出我们的想象。每个孩子，都需要一个精神支柱，给他（她）鼓劲，给他（她）信心和勇气。

七、时时给点欢笑和宽慰，让孩子觉得不孤单，无论是高兴，还是忧伤，他（她）都愿意跟你交流。你没有变，他（她）没有变，日子还是从前的日子，岁月静好着呢。

刹那烟火，看时耀眼，过后，
却是一地灰烬。

第二辑

PART II

刹那烟火

正道通天

10月1日　星期四　天气晴

国庆节，你放假在家。

我们一起上街采购。街上的人，多如蚂蚁出窝。

你许久没上街了，整日里，你的活动半径，就是家和学校。新建的市民广场，你没去看过；新建的沿河风光带，你没去看过。街上的热闹，对你，仿若隔世。路边的烧烤，你要买一串尝尝的。一些专卖店，你要进去逛一逛的。对名牌鞋，你尤其热衷。说起阿迪达斯、耐克啥的来，滔滔不绝，如数家珍。我说鞋只要穿着合脚，就是好的。你不以为然，说，名牌就名牌，那是绝对不一样的。然后列数了名牌的种种好处，什么减震，什么气囊，全是相当专业的术语，硬是说得我一愣一愣的。差距啊！

可是，我的小孩，我还是觉得，再名牌的鞋，也不及你外婆做的老布鞋。家里还有布鞋两双，你却不肯穿了，且斥之为土得掉渣。

笑笑，不跟你争辩。我想起当初如你这般大时，我也是迫不及待甩掉脚上的布鞋，而换上高跟鞋的。然当我在这个尘世奔波一圈后，才发现，最能熨帖自己脚的，还是布鞋。我买了一双又一双。人生总要历经一些浮华，再回到生命最初的本真吧。

你爸在所里值班，接手了一个案子。一个15岁的孩子，进网吧打游戏，因没钱玩了，就跑去一家商店抢劫，被人当场抓获，扭送到派出所。那孩子长相清瘦，稚嫩的脸上，却写满顽劣。他在你爸跟前说谎，说得跟真的一样，脸不红心不跳的。因是未成年人，法律也拿他没办法，你爸只好把他送交给他的父母。询问他的家庭住址，他怎么也不肯老实说，指东家说西家，害得你爸他们开着警车，满城转着圈地找。后来，终于找到他的父母。才得知，原来，他是逃学出来的，父母已找了他好几天，急出满嘴的泡泡，就差张贴寻人启事。

父母看到小孩，爱恨交加。小孩却完全一副无所谓的样子，说什么也不肯跟父母回家，后被强行带走。然一会儿之后，他的父母哭哭啼啼跑到派出所，说在半路上，小孩又跑了，下落不明。

我听得痛心不已。同是为人父母，我能深切体会到那孩子父母的痛，那是如坠深渊的黑黑的痛啊！亦很替那个孩子担忧和焦虑，15岁的小人儿，他将拿什么赌青春赌人生？他的明天在哪里？

我扭头看你，我的小孩，我不要你有多优秀多杰出，我只要你做一个走正道的人，别害人，别害己。正道通天。

游动的心

10月2日　星期五　天气晴

是从哪一天起，我听你说得最多的话是：状态不佳。你用这一句话，来原谅你自己。

我觉察到了，你不似前些日子认真了，效率也是大大地降低。你的心，在游动，像春天的杨絮，随风飘浮不定。我想，定是因为节日放假的缘故。

希望听到你朗朗的读书声，却久违了；希望你在我们慢慢吃着饭时，急着催促我们，快快腾出餐桌来，好给你做作业，——却久违了。你不紧不慢地跟我们闲聊。你趴在电脑上，为淘宝上的一件衣服，左挑右选，花上大半天的时间。你的关注点，转移了。

我给你爸买了一件衣服，你也吵着要。我只好给你也买下。

你极少考虑家里的经济状况，要用钱时，手往我和你爸面前一摊就可以了，几百块在你眼里，那都是小钱。我好是担心，将来轮到你赚钱养活自己时，心理的落差，该有多大。

我问你，将来靠什么挣钱呢？你满不在乎回，将来反正不要你们管，我也不会再回这里来的。

这里，妈妈热爱的小城，你竟看不上眼了。以为外面的天空大得很，以为外面遍地黄金，单等着你去捡。我的小孩，等你再长两岁年纪，等你真的到了外面，你才会发现，外面的世界并非都是精彩，坎坷永远比平坦多。

现在，我在回忆你这一天都做了啥。早上，好像起得不晚，你读书了，做作业了，却做得断断续续，心不在焉。午后，你美美睡了一觉，醒来，家里来了客人，你陪着玩，一直玩到将近四点，在我三催四催下，你才去做作业。然没做多久，你就跑进我的房里来，嚷，累死了累死了。一头栽到我的床上。

这不是你应有的状态啊。你曾经的抱负，好像荡然无存了。你买的那些课外辅导练习，再没看你拿出来过。曾立志一道错题要做10遍的，现在怕是一遍也难以完成。你的热情，哪里去了？你的状态，令人担忧。

夜深，你已入睡。一天，也就这样过去了。

一只漏了气的气球

10月5日　星期一　天气晴

天放晴，连续地放晴，把人的心，都晒得干干的。

很是期盼一场雨了。

没有谁不喜欢大晴天，大晴天多好啊，阳光响亮响亮的。可若晴得多了，又会让人受不了了，眼睛都干得似乎要冒出火来，并很怀念起雨的湿润和清凉了。万事万物都讲究一个“度”，超过一定的度，就走向事物的反面了。所谓物极必反，极是。

你仍在度假中。作息时间是没准儿的，晚上十一点不到就睡下了，早上七点多才起床。

懒散——这是我对你这些天的印象。老师布置的作业，你到今天还没全部完成。这已是假期的第五天了。我随便捧起你的一本书，抽些内容问你，你大多数答不出来。现在我真的不敢再问你过多的问题了，我不敢去碰及，它们多像马蜂窝啊，哪能捅？我只能劝慰自己，过些日子会好的，只要你健康、平安就好了，咱不求杰出。

可是我的小孩，现实是这样的残酷，你最后到底要拿什么来安命？未来绝不是你所想象的春花秋月，一片锦绣，它要靠真才实学去打拼。

午后，我看了一会儿书，小睡了一会儿，不时醒来，谛听客厅的动静，——家里无人静悄悄。我看时间，三点多了，想，你不至于还没起床吧？最后，我还是忍不住了，起来察看。看到你老人家还赖在床上，正闭目养神呢。

是到四点，你才开始做作业的吧？却做得三心二意的。不时进我房内来缠我，被我批评了N次，你亦是不在意。你像一只漏了气的气球，瘪下去，瘪下去。

时间是海绵里的水，挤出来的——这话，你开学时曾雄心勃勃把它当座右铭的。不知，当初你的那份雄心去了哪里。

却热心穿着，喜欢名牌的衣和鞋。一有空就吊在淘宝网上，看到好衣裳，就要我帮你买。买了一件，再要另一件。

突然想起一句歌词来：眼睁睁地看着你，却无能为力。你看，妈妈也像一只漏了气的气球啊。

碎碎念

10月9日　星期五　天气晴

之一：你突然喜欢上照镜子，在镜子前待的时间，越来越长。你对你的发型，高度重视起来。你对你衣裳的搭配，高度讲究起来。

问你，又有喜欢的女孩子了吧？

你矢口否认，哪有？我们班的女生，全是恐龙。

我硬憋着，没去翻你的背包。那里面肯定装着些小秘密。然翻到又如何？每个青春的小孩，都要经历这样一段吧。我只愿你，能平安度过。

之二：你的同桌，因在历史课上做英语，被历史老师尅了。他选择了消极对抗，历史老师正上着课呢，他公然趴到桌上睡觉。你告诉我时，态度中立。

我问你，若是你，你会这样做么？

你答，你会砸扁我的头，我敢吗？

原来，我在你心目中，还有这等威严哪！

之三：你突然爱上一些老歌，譬如老狼的《睡在我上铺的兄弟》。让我惊讶，看来我们那个年代流行的，才真叫经典啊。

你开着音乐做作业，小虎队，老狼，轮番轰炸。

我说，这不干扰做作业么？

你答，我这是在补充能量。

之四：你又发豪言若干，要考什么什么大学。明显的好高骛远。你对这个学校不屑，对那个学校看不上眼，唯独没有转过身来，看看你自己。某小孩以为大学的门，都是纸糊的哪！

之五：傍晚放学归来，路过校园的草坪，你突然看到一只鸟，一只你从未见过的鸟，它在草地上，像人一样地散着步，不紧不慢，不慌不忙。你惊呆了，就那样，呆呆站那里看它，它也看着你，许久许久。

你告诉我时，我的心，立即柔软成一根水草。一个镜头，反复在我跟前播放：一个孩子，一只鸟，碧绿的草地，纯蓝的天。一样的纯真年华。

月　考

10月11日　星期日　天气阴

月考是阶段性的考查，每个月，学校都要对你们考查一次的。

这个时候，班上同学会被分到不同考场去，每个人都按指定位置就坐，一人一桌，弄得很像高考。

天阴着，以为要下雨的，但没有。气温还行，算不得冷，衫子外面再罩一件外衣就可以了。你出门，我递过一件外衣去，让你加上，叮嘱你，好好考。你答，知道。

上午考的是语文。中午回来，你满脸喜色，看来考得不错。特别是作文，你感觉颇好，因平时我让你写过类似的作文，你直接把它搬上试卷了。只是后面的文学常识及课外阅读，你估计失分多。也难怪，现在的考题越出越刁了，即使当年语文成绩相当出色的我，现在做你们的题，也做不了了。比如说，今天你们试卷上考了《三国演义》里的锦囊妙计，同时考了《红楼梦》中大观园的出处。后一题我知道，前一题老实说，我还真答不全。因为，我没认真读过《三国演义》。它不对我的阅读胃口。

名著要读，但现在这种强迫性的千篇一律的阅读，到底是好还是坏？这个话题，我当然不敢拿来和你讨论。你喜欢也好，不喜欢也好，为了考试，总是要读的。

晚，我和你爸出去应酬。妈妈的堂哥回来了，从广东。提起这个堂哥，是很令人敬佩和感慨的。本在乡下务农，因一场婚姻破裂，他负气离开了家，足迹遍及大半个中国。后来通过自学考试，被一所高校录取。毕业后，进了南方某地检察院工作，从一个小科员，一路做到检察长。整个家族都以他为荣，我还在念书时，家里大人成天把他挂嘴边，要我向他看齐。我的奶奶，也就是你的太太，每次说到他，都会欣慰地叹一声，人争一口气，佛争一炷香。今日，我想把这话送给你。是的，人活一世，争的就是那口气啊。

你从学校回来，打电话告诉我，下午的数学考得相当不好，一道题，你反复看了五六遍，才看清楚了。做时因害怕出错，验算了一遍又一遍，导致最后几大题没时间做了。你心情相当不好，晚自习也没去学校上。

原来，你是这么介意成绩。我有点心疼，小小年纪，却要背负这么大的压力。

等我回来，你一脸委屈，索要我的拥抱。我拥抱了你，安慰你，没关系的，考不好拉倒，咱下次重来。

你陡地轻松了，早早洗漱好了，上床睡觉。

我却久久难以平静，心有戚戚焉，咋办呢？如此下去，咋办呢？说一千，道一万，你是要过高考那道关的。虽然，我和你爸嘴里一直在说，顺其自然，顺其自然。但真的临到自己身上，说时容易，做起来，却是相当困难。

刹那烟火

10月13日　星期二　天气晴

月考结果出来了。

你，史无前例的惨烈。语数外三门主课，无一例外的，全落在年级几百名之外去了。两门选修中的一门，居然得了C，选择题就错掉14题。

说实在的，这个结果，超过妈妈承受的底线了。我想，就算你闭起眼睛瞎选，你也不至于错掉14题啊。这明显与你这些天的浮躁，密切相关。

你只垂头丧气了几秒钟，而后恢复常态，对我嬉笑如常。这种良好的心态，我原是赞同的。然今天，我的心里，却升起一股冰凉。

你爸失落得半天说不出话来，眉头紧紧拧着，没人的时候，他一声接一声叹，怎么好呢？儿子这样下去怎么好呢？那么硬性的一个男人，因你，竟失了主张，像个无助的孩子了。

他自然要说你两句，说你整天就是淘宝就是打球就是听音乐，哪里能考得好。说你让人太失望了，是一盆冷水从头浇到脚。你逆反，顶嘴道：我就是考不起来，怎么了？你考得起来你去考！

我怔怔看你，这是一向温和的你吗？

你感觉到了，过来拥抱我，头挨着我的头，说：妈妈，我下次一定考好的。

下次？我的小孩，人生有多少下次可以重来？我只觉得胸口收紧，疼得慌。

你看，我多么虚伪。之前，我亦说过，这次考不好，拉倒，下次再考。可你这次呈给我们的，是触目皆荒凉啊！

你之前所有的豪言壮语，不过是刹那烟火，看时耀眼，过后，却是一地灰烬。

回归

10月15日　星期四　天气晴

天气晴朗得有些过分，亮闪闪的阳光，白绸缎似的，一铺千里。

这与我们之间的温度，形成极大的反差。这两天，我一直冷着脸对你。我觉得，有必要冷一下你。

我这样做的理由有二：

一、你的学习，不是你不能为，而是你不为。

二、你对你爸的态度，非常不恭。我觉得，这不是一个有素养的小孩所做的。过分放纵你，等于害了你。

遇到你的几个任课老师，他们跟我谈你，一脸的抱歉，仿佛这次你没考好，完全是他们的责任。这让我很是自责，我交给人家一个小孩，也把压力交给人家了。

你感觉到了我对你的冷，放学回家，先蹭到我跟前，讨好地轻轻唤我，妈。伸手来抚我的脸。我努力克制自己，不去理你。我要让你知道，妈妈也会生气的，且生了很大的气。

你前些日子的张扬，慢慢收敛。你不再提淘宝，不再要买这样要买那样的，不再动不动就放自己的假，不再看书看不到一页纸，就嚷嚷着，我累啊我累啊。吃饭的速度，也比以前快了许多，呼哧呼哧，一碗饭就吃掉了。碗放下，你不再磨蹭着跟我们瞎聊，不再东摸摸西摸摸尽想着玩，而是很自觉地进了自己房内去，搬出作业做。

今早，我睡得正迷糊，突然听见客厅里传来读书声，你的。我静静听了会儿，朗朗的读书声，比窗外的鸟叫声要动听多了。真是久违了！

你爸又喜形于色，悄悄对我说，咱儿子好像回归了。

孤单是一只大鸟

10月17日　星期六　天气晴

你的定性还是差，憋了不过两三天吧，你又渐渐坐不住了。看书没多久，你就推开我的房门，要求开电脑上网听音乐，被我拒绝了。

你很不满，问我，难道我听听音乐都不能吗？难道我想放松一会儿都不能吗？

我回，不能。

你问，为什么？

我说，你放松可以选择睡觉去，也可以随便翻点报纸杂志看。

家里可供你看的报纸杂志实在多，你每每都是囫囵吞枣不求甚解地一翻而过。最感兴趣的不是上面的文章，而是上面刊登的广告，汽车的，电脑的。街上随便晃过去一辆小车子，你能立马说出它的牌子、性能、价位。评价它线条的流畅不流畅。随便一台电脑，你能讲出许多专业术语来，指出它的好，与不好。真是服了你，若是你的学习也能如此，该多好啊。

你看我丝毫没有退让的意思，呆呆站了会儿，恨恨走出去。把我的房门，“啪”地拉上，震得墙壁一阵嗡响，以示你的愤懑。

我只不理你。

一天了，你几乎没人说话。我在房内写作，你硬憋着，没有再推门进来。也没有再提“过分”要求，要上电脑，要听歌。没有再动不动就仰躺到床上，嚷，累了累了。你一直端坐在你的房内，我三番五次去客厅，假装倒水喝，或去洗把脸、削只水果，其实，是找机会看看你。我冷眼观察，你对着书本，寂寞孤单的样子，很像一只大鸟。心里有不舍，但还是咬咬牙，不理你。

儿子，别埋怨妈妈不懂你，你只知你的现在，而我，关心的不止你的现在，还有你的将来。人总得为将来积累点什么，好使将来的日子，有所支撑。

小病记

10月19日　星期一　天气阴

夜深，近凌晨了。

四周静，有露珠从某棵高树上不小心翻落，“啪”的一下，掉到低处的某片叶子身上。有虫鸣声，从草丛里传出，唧唧，唧唧，时断时续，柔弱无骨。秋渐深。小凉。

我去你的房间。你睡得很沉，眉头微皱，仿佛正经历着痛楚。我伸手一一抚平它们。把你伸到被子外的胳膊，轻轻放进被子里。我俯下身，仔细听你的鼻音，有点重——你是真的感冒了。

早上出门时，你就说身体不舒服。我说，要么，请假吧，今天不去上课。你犹豫了一下，还是走了。

中午回来，你表现得怏怏的。午饭吃得很少，往常你喜欢吃的红烧肉，今天你只吃了两块，就不想吃了。我探探你的额头，不发热。但还是找出感冒药，让你吃了几片。你去上学时，我又提出，下午妈妈可以帮你请假的。你摇摇头，说，不。

傍晚归来，你彻底瘫了，一头栽到床上，说下午的几节课，你一直伏在桌上听的，浑身没劲，头晕得厉害。

我拥抱了你，紧紧地。这些天来，我们第一次这么亲密。你的头，往我怀里钻，寻求庇护似的。我突然觉得，做一个读书的小孩，是多么难的一件事。

你说，妈妈，我今天什么也不想做。

好，我忙忙答应，咱今天什么也不做，咱病了。

给你熬小米粥喝。学习的事，现在退到次要位置，你的健康，成了第一位的。

早早安排你睡下，你钻进被窝时，深深叹了一口气，说，妈妈，生病真好。

替你关好窗。对着黑沉沉的夜，我亦深深叹了一口气。做一个读书的小孩的妈妈，也难的。

劳动改造人

10月20日　星期二　天气晴

到底青春年少，身体恢复起来，就是快。昨天你还像一朵蔫了的花似的，今天早起，你已活泼乱跳的了。问你，还难受么？你答，不了。我提着的一颗心，这才放下。

还是让你吃了两粒感冒药，巩固巩固。

中午回来，你让我看你的嘴唇。我一看，吓一大跳，你的嘴唇上起了一层白皮，全皲裂开来。是感冒的缘故，还是吃药的缘故？心疼的。

有一种药，治痘痘的，你不肯再吃了，它的副作用太大了，我没坚持让你吃。脸上的疙瘩就让它继续吧，等你真的成人了，自然会消去。

依然不见你有多用功。我不过问，你亦不跟我说，倒是相安无事的。

仍是跟我亲密，忘掉前几天的不快了。中午，我躺在床上休息，你跑过来，摸我的脸，左摸一下，右摸一下，你叫，妈妈。我闭起眼睛不理你，由着你去。你摸了会儿，心满意足地离开了。

下午上课，你好像迟到了。我听得门响时，看手机上的时间显示，是一点五十五分了。两点钟上课。五分钟你飞奔到学校，显然是不可能的。我是知道你们老师的处理方式的，若有学生迟到，定被罚扫教室和走廊两星期。我心里好笑着，单等着你被罚。

果然的，傍晚放学回来，你一脸沮丧，说被罚了。从今天起，两个星期的时间里，你将一个人包下教室和走廊的卫生。每天早上，要赶早去打扫。

我装作不知，问，为什么？

你说，因为下午迟到了。

我乐得眉毛眼睛都在笑，劳动改造人。哈，你就好好劳动吧。

太平盛世

10月22日　星期四　天气晴

你的感冒好了，我的感冒，正式上演。浑身烫得像烤山芋，体内却奇寒，大白天加盖两床被，还是冷得慌。

吃药？好，咱吃。从你爸手里接过绿的药丸白的药丸，塞进喉咙去。平生最怕的一件事，当数吃药了，从小就怕。不知是喉咙管太小，还是惧怕的原因，我很少能一次性把药吃到肚里去的，药总要在我喉咙里卡上好一阵子。

吃完药，浑身还是烫。发汗。咳嗽。浑身疼。你在一旁很焦急，让你爸赶紧送我去看医生。

也终于，躺到病床上输液。一小女孩在过道里拍球，五六岁的样子。她走过我床边时，睁大了眼睛瞅我。让我无端想起你小时的样子，眼睛溜圆溜圆的，里面像汪着一潭湖水。我们住的大院里，有个看相的老人，看到你时对我说，这孩子有福相，将来定有出息。虽说这话说得相当没道理的，却着实让我高兴了许多天。

小女孩的妈妈是这里的护士，不时过来看看我的输液瓶，对着我笑笑，我也对着她笑笑。她后来揪了小女孩去认字母，认的是b和p，这一下一上的半圆，女孩儿怎么也记不住。妈妈呵斥，你怎么就这么笨呢！全然没了刚才的温柔。小女孩大概被打了，哭了，哭得抽抽泣泣。做妈妈的偏偏还在问，这读什么？这读什么呀！？

每个父母，都是望子成龙望女成凤的。然那会儿，我却很是同情那个小女孩，还在玩耍的童年，一些快乐，就被剥夺了。

我的小孩，我也剥夺了你的快乐么？如是，我很内疚。

我输液回家，你在楼梯口迎接了我，问我，妈妈，你好些了吗？

我轻轻拍拍你。

我们又驶进宁静的港湾。对你的学习，我保持沉默。你爸也保持沉默。

这样好，没有矛盾。风也平，浪也静，太平盛世。

温柔的小孩

10月23日　星期五　天气晴

我感冒得厉害，你问候得勤快。中午回家，第一句话就是，妈妈，感冒好些了吗？下午，路上遇见我，你又追着问，妈妈，你好些了吗？并伸手来抚我的脸，轻轻地。晚上回家，还是先来问候我，妈妈，你好些了吗？

很感动你的温柔。一个人，应该具备这样的温柔情怀，在这方面，你似乎与生俱来。小时给你讲童话，讲到王子被巫婆害死，你躺在床上，背过身去哭。我怎么哄，你也止不住哭，一边哭一边说，坏妈妈，我不要王子死。直到我修改结尾，让王子喝了一滴神奇的露水，又活过来了，你才破涕而笑。想那个时候，你不过四五岁。你实在算得上是个温柔的小孩。

你爸在值班时，常常接到一些家庭纠纷的警，二十大几的男孩子，对父母没有一点疼惜之心，把父母的血汗钱榨干，还要把父母赶走。弄得父母居无所居，跑到他们所里哭诉。每每听到这些，我总暗自庆幸，我的小孩，他永远不会这样。我从不怀疑你的善良，你有一块饼吃，你肯定会分半块给妈妈。

这就够了，我的小孩。

说说你今天的学习状况吧。睡觉很规律了，晚上一到十一点，你准时睡下。早上起床比较难，总要喊上若干遍。你闭着眼睛穿衣服，一件一件，慢条斯理，半截身子，还埋在被窝里。这个时候，若我们走开去，你准会倚了床，又睡过去了。等到你真的起床了，都快六点半了。摊开课本，才读了几个英语单词，上学的时间，就到了。

你发牢骚说，现在老师布置的作业太多。一个中午，要做一张数学试卷。晚上，要做两张。我无可奈何，纵有帮你的心，却使不上劲哪。做吧做吧儿子，咱就忍一忍，把高三忍下来，大学里，你喜欢学什么做什么，尽可以随了你。

花开前的疼痛

10月25日　星期日　天气晴

这次感冒很严重，反反复复，复复反反，把我折腾得够呛。

你一日三回频相问，妈妈，你好点了吗?

学习现在是你一个人的事，我好像一点忙也帮不上。

我只好在一边看着你，那么吃劲地学，那么无奈地学。你偶尔睡了早觉，偶尔偷懒了，偶尔看了会儿电视，还会被你老爸唠叨。真是无奈啊。

可是，形势不容乐观。今天邓老师特地找你做了长长的谈话，他给你分析了高考形势，明年的文科高考，情况相当严峻。历来的高考，对文科学生多有不公，录取人数越来越少，试题却越来越难，录取分数跟着水涨船高。他说，弄不好，你连本二都考不上。

你是笑着把这番话学说给我听的。我说，本科考不上咱就上专科，以后再谋求发展。总之，你现在，要努力。努力了达不到是另一回事。不努力，你肯定达不到。

我深切体会到你学习的苦，重复，枯燥，当初妈妈也是这样一步一步走过来的。可是，不经历这一阶段的磨炼，你又拿什么来立足这个社会？高考制度有它不合理之处，但目前，我们还找不到一种比它更公平更合理的制度，且暂时也没有能力改变它。当你改变不了这个世界时，你只有尝试改变你自己，来适应它。

退一步讲，就算不为高考，高中的学习生涯，也为你积累知识和生活经验提供了一个很好的平台。等将来，你在这个尘世奔波一圈，回过头来，你会发现，这一段苦乐年华，才是你人生中最美好的。它是花开前的疼痛，那里面有成长的喜悦。

你说，若是考不上本科，你坚决不去上。言下之意，你还要复读一年的。

我的小孩，现在谈论这些，都为时过早，还是到时再说吧。我只希望你，尽心尽力，能做到哪步，就做到哪步。而你现在的状态，是这样的不佳，老师布置的任务，你尚且应付不了，又遑论其他？更不要说我叫你额外做的作文了。我真担心，到时你的分数会失在作文上。

不过眨眼之间

10月26日　星期一　天气晴

这个秋天，少雨，天气晴朗得很不像话。楼下一丛一串红，开得像炸开的爆竹似的。还有一丛扁豆，牵牵绕绕，爬到人家的一面围墙上去了，一墙头便都插着小紫蝶一样的花。一切都好着，这天，这地。

人却易生病，久病不愈，我几乎要绝望了。转念一想，幸好，这病不是在我的小孩身上。这么一想，我又快乐起来，哪怕让我再病上个十天半月的，我也愿意，只要我的小孩平平安安健健康康。

你天天花一二十分钟去锻炼，练双杠，练单杠。在这方面，你爸都比不过你了。你在我们跟前秀肌肉，看，棒吧？你得意地问。

棒，相当棒，一块一块肌肉，结实得跟石头似的嘛，很男子汉了。

不过眨眼之间，你长这么大了。

我和你爸看着你，真是无限感慨。我们回忆起从前的事，那年，一家杂志要用我一篇写家庭生活的稿子，需要一张家庭合照做配图。你爸特地开了车，带我和你去海边拍摄。那时，妈妈年轻得跟一根嫩葱似的，穿一件嫩绿的毛衣外套，咋笑咋好看。你呢，还是个小不点呢，穿一身红色灯芯绒衫裤，手里拿一支玩具手枪，对着大海横扫，嘴里“叭”“叭”“叭”着，笑得像一朵蓓蕾。无忧的时光，幸福地厮守，那样美好的画面，永远定格在记忆深处。

不知不觉，当年无忧无虑的小不点，个头已超过我了。我和你爸因此多了许多心思，心思的核，全在你身上。怎么能不考虑你的学习呢？怎么能不考虑你的将来呢？无一刻无一时，不记挂在心里的。你好，我们欢颜。你不好，我们愁肠。我们因你的好与不好，心情随之起起伏伏。

有时，也累。累极了的时候，我和你爸打算弃你私奔而去。今天中午做饭时，我们两个还在开玩笑呢，说要去平遥待几天。你爸一年有15天的假，他可从没休过呢。我们可以去那里住上一个星期，每天除了闲逛还是闲逛，多好啊。

可是，哪里抛得下你？又怎么可能抛下你？你再不好，也还是我们心爱的宝贝。

你爸气你早上浪费时间，六点叫你起床，你六点二十才打开书，没念上几个单词，就嚷嚷着累了。好，吃早饭，去学校。一个早上，效率是这么地低。你爸说，从此对你失望了。我知道他说的是气话，他每次都把自己气得不行，却在看到你时，装作若无其事。中午吃饭，他还不停地往你碗里搛肉块。

我很想跟你好好谈谈，谈谈你的学习。然谈不了几句，你就烦了，一迭声说，别说了别说了，我晓得我晓得。

我跟你剖析我和你爸的一生，少时，家贫，无所靠依，只有靠自己奋发图强。工作了，要为工作尽心尽力，好在社会上立足。成家了，有了你了，要为你的每一步操心。这一操，就操到现在。还不知将来如何？倘若就这样操下去，你说我们这一辈子，到底有多少时间是在为自己活？我伪装了一下强硬，对你说，我不会为了你，傻到完全放弃我自己，等你满十八岁了，我们要过自己的生活，以后的日子，你自己为自己争取。

你完全地不在意，说，我的以后，哪里要你们管？

好，我的小孩，咱们走着瞧。

曙光一线

10月28日　星期三　天气晴

我因生病，昨晚被你爸早早安排躺下。你晚自习归来，照例先进我房内来问候我。手握住我的手，在我手上细细摩挲，又在我脸上细细摩挲，总要温情大半天。

我听见时间滴滴答答溜走的声音，一下，一下，敲击着我的神经。我忍不住催你，乖，早点去做作业吧，早点做完了早点睡。

你前未所有地乖巧，答，知道了妈妈。

也就真的起身去做作业了，这让我十分欣慰。

不知你是什么时候睡的，应该十一点吧。听到你爸在跟你商量，十一点睡是不是早了点？你回，瞌睡有什么办法？我睡得模糊，你们底下的对话，我不记得了。

早上，你的读书声空前地响亮，嘎嘎嘎，嘎嘎嘎，像小鸭子在欢叫，愣是把我读醒了。你爸精神焕发地跑进跑出，脸上笑眯眯的。我知道，这缘于你。想想你爸，是那么好骗的一个人，只要你稍稍表现好一点儿，他就高兴得恨不得飞上天。

你书读完，过来亲我，左抚一下，右抚一下。而后去吃早饭，稀饭配馒头。客厅里，你爸和你的对话，断断续续传来：

你爸：这样吃，你上午两节课后饿不饿？

你：还好，不怎么饿。

你爸：要不，带点零钱在身上，饿了就买点零食吃。

你：……

心里乐开花了吧？你看你看，你这老爸是多么容易满足的一个人，你不过曙光一线，他就拿它当艳阳高照，满身满心的，竟都是灿烂。

乌云来袭

10月30日　星期五　天气阴

天阴着，乌云一片，两片，三片……胶着着，推搡着，翻滚着，前赴后继着。最后，整个天空成了乌云的天下。

寒潮欲来。天气到了它该冷的时候了。

那么，你呢？你是不是到了该知事的时候了？十七岁了，大孩子了，为什么你带给我们的曙光，还是昙花一现？

且看看你懒洋洋的模样吧：

早上六点喊你起床，你总要在床上赖上好一会儿，才慢吞吞起来。当然，下半截身子是埋在被子里的，只把上半截身子艰难地拔出来，倚靠在床背上。眼睛是不睁开的，手开始摸索衣服，摸到后，举过头顶去，一只手臂伸进去，再伸另一只。慢条斯理地。

好不容易起床了，你跑到洗脸池边洗漱，眼睛是半眯着的，牙膏和牙刷，要摸索半天才摸到。这一摸，半个小时过去了。

好，咱不说这个，慢是你的性格，慢性子的人，大抵是脾气温和的。可事情总要有个轻重缓急吧？咱就说你读书吧，好不容易把书捧出来，眼睛盯着书本，半天没吐一个字。后来我回房间，再出来，发现你老人家正站在阳台上，对着楼下抛橘子皮玩儿着呢。我跟你讲过多次，这是居民楼，住这里，邻里之间一定要注意，不要乱抛东西，妨碍到别人。你居然一脸无辜看着我，说，我才抛了一个嘛。我怒，那你还准备抛多少？你不吭声。

对你的要求，一直不高，那就是尽自己的努力，去学习去生活。我从不曾企望你有多优秀多杰出，只要你善待自己的每一天。然你现在的表现，委实让我有点灰心。

你放学回来，却像没事人似的，跑我身边来，完全忘了早晨的不快。妈妈——，你小羊羔似的叫，一脸的天真无邪。我只能苦笑地望着你。

等？也许，我只有等，等到你真正长大的那一天。

开
芝 麻
门

一起走过低迷的时光

日子是一蓬扁豆，还没怎么留意，它已爬上墙头，爬满一堵围墙了。墙上藤蔓牵绕，绿叶婆娑。再凝望，它已是满墙秋风扁豆花。开得好好的美人蕉，却开始谢了。九月过去，十月来到，天空，渐渐呈现出秋天的样子。雨多起来，滴滴答答，滴滴答答，没完没了。

孩子的情绪，也下雨了。一个月的适应期过后，他们对高三的新鲜感，已消失殆尽。曾经的好奇与探究，都变成湿淋淋的现实：做不完的练习，背不完的书，听不完的唠叨，考不完的试，——无非是这些。他们对高三，已渐渐麻木了。

热情一跌再跌，跌入低谷，他（她）走进一段低迷的时光。开学初制订的目标，像被雨淋湿了般的，痕迹犹在，却面目模糊。他（她）变得疲惫，甚至厌倦起来失望起来。坏脾气突然上了身，对周围的一切，变得不耐烦，对父母说的话，有了明显的抵触。

这一阶段，他（她）莫名地忧郁起来，对着一架秋风，会湿了眼睛。精力再无法集中，容易走神，学习基本处于停滞状态。这个时候，做父母的如果不能给予充分理解，只一味地焦虑、埋怨、横加指责，其结果只能适得其反，使他（她）在坏情绪中，越陷越深，久久走不出来。有时，甚至会做出意外的举动，譬如逃课去网吧，譬如莫名其妙与同学干上一架。其实，他们不过是想寻找一个发泄口。

想想吧，天气都常有反复呢，何况对于一个孩子来说呢？要让他（她）一直保持阳光的心情、昂扬的斗志，显然是不符实际的。作为他（她）的父母，我们要做的是，以平常心态，对待孩子，用最大的宽容和理解，陪他（她）一起走过这段低迷的时光。

一、允许他（她）暂时忘却高考，离开书本。给他（她）一个独立的空间，让他（她）奢侈地发发呆，什么也不想，或什么都在想。这个时候，他们需要的，或许正是这样一种安静，一种孤独地面对，好让走累的灵魂，歇一歇脚。

二、别在他（她）跟前唠叨个不停，别把你内心的焦灼，表现出来，带给他（她）更多的焦灼。别过分在意他（她）现在对人生的所谓放弃，人的情绪有高潮，自然也会有低谷。相信，低谷只是暂时的，过了这一阶段，就好了。

三、倒上一杯清茶，或牛奶，放在他（她）身边，或给他（她）端上一份小点心，什么也不用说，微笑地扣上他（她）的房门。在他（她）沉默的时候，你能做的，只有这些。而当他（她）走出房间，愿意面对你，说明他（她）的坏情绪，已走开了。这个时候，你可以陪他

（她）随便聊聊，仿佛不经意地，你聊到你的世界里，遇到的那些不如意的事，聊到你的心情，也时有阴云密布。这会引起他（她）会心一笑，哦，原来，大人们的世界也是这样啊。原来，这不是什么大不了的事，会走过去的。

四、带孩子走进大自然。大自然中，存在着许多坚韧的榜样。像现在，秋深了，一朵一朵的扁豆花，还在寒风中努力盛开。站在这样的扁豆花跟前，人心里总有一根弦被碰软。孩子亦会有所感触的，他们在紧张的学习之余，能够欣赏到身边的一草一木，这样的欣赏，不但愉悦身心，反过来，又会转换成一种力量，支撑着他们，激励着他们。人生会因为欣赏而生热爱，因为热爱而倍加努力。

星星渐渐隐没，天空一点一点变亮，云彩增多，它们缠绵在一起，一会儿拉成一条丝线，一会儿铺成一匹锦缎，散射出奇异的光芒。

第三辑

PART Ⅲ

流星雨

换一种心情来过

11月1日　星期日　天气晴

据说北京下雪了。我的眼前，纷纷，纷纷，全是莹白。雪白的雪，雪白的白。世上谁堪从内到外都是晶莹的？唯有雪了。

小城不下雪。小城的天，很晴朗。虽说气温降了，但在我们的承受范围内。

到处却隐藏着不安，蠢蠢的，因为流感。但出门的，还照旧出门。尘世万千，花在开，叶在落，各安其命吧。

给你添加了厚衣裳，叮嘱你，如果身体不舒服，流鼻涕啥的，一定要说。随即又笑话自己，若你果真流鼻涕了，我焉有不知道的？——你的一呼一吸，我都关注着。对你的学习，我们渐渐看开了。我和你爸，彼此安慰，咱儿子不瞎不瘸，智力正常，这就是天大的造化了。他是棵草也好，是棵树也罢，顺其自然地让他长着吧。

菊开。我约了你爸去赏菊。一路晃着去，两个人闲闲地说着话，话题里，免不了提及你。我们达成一致：孩子的成长，需要一个过程，不急，等着吧。

换一种心情来过，你和我们，都会过得很快乐吧。

我问候了一些落叶。问候了路边的一些植物。人家墙头上，探出一株白花。我站定了看，叫不出它的名。很感动，在这个深秋，它居然开着花。大自然总会带给我们一些意外，这些意外，与坚持与坚韧连得很紧密。我想到你了我的小孩，你若学会坚持与坚韧，哪有不成功的道理？

菊们呢？公园的花坛里，满满的，都是。这儿一堆，那儿一堆，敲锣打鼓着，齐齐怒放。秋天里，它们是当仁不让的主角。

我们满公园遛弯儿，给花们拍照。意外地撞见一只蝶，黄色，像一朵飞着的花。它面对着一丛菊，简直失了主意，不知道先亲近哪一朵才好。之所以难以抉择，是因为诱惑太多。我想，对一只蝶是如此，对人，亦是如此的吧。

时势逼人

11月3日　星期二　天气阴

风刮得紧，很有些瑟瑟的意思，温度陡降。你放学归来，直嚷，冻死了。

不怕。咱加上厚衣服，再加一个，温暖的妈妈。冷在窗外，你在室内。

网上开始高考报名了。我乍听到这消息，怔一怔，这么快？仿佛冷不丁的，被谁从后面推了一个趔趄，有人在催，快走呀，你挡了我们的道了。而我还在懵懂中。

你很兴奋，下午早早就去了学校。学校机房里用电脑的人爆满，你排了半天的队，也没轮上你登录。老师说，可以回家让家长帮着填。你生怕有意外，再三核实，在家报名与在学校报名是一样的，这才放弃了排队。

我在做晚饭，你火急火燎地催我，妈妈，快，快开电脑，快登录。

我只好关了灶上的火，跑去开了电脑，点开网址，只三两下，就帮你报上了名。你余兴未了地问，这就算完了？我说，啊，完了。你还是将信将疑，这就好了？我说，对，好了。

你呆站着，竟有些怅然若失。

时势逼人，你出我意料地说出这个词。这次网上报名，文科类的考生比理科类的考生，要多出一倍多，而本科录取人数，只有理科生的三分之一。那就意味着，你们这届高考的文科生，竞争相当激烈了。你问，考不上本科咋办呢？旋即又担忧，即使考上又怎样，还不成蚁族？

那是你在一本杂志上看到的，说在北京的城乡接合处，蜗居了十多万的大学毕业生。其中，不乏名牌大学毕业的，然都找不到工作，不得不成了蚁族。

你这种担心不是多余的，现实远比你想象的要残酷，外面的世界，不都是繁花似锦，更多的是荆棘丛生。然我们不能因吃饭怕噎着了，就拒绝吃饭。不能因怕担负未来，就拒绝长大。

你点头，以少有的谦虚态度，承认我说得对。

你再发一回呆，而后进了你的小房间。一个晚上，没再见你出来，更没听到你嚷累啊累的。我从窗口偷偷打量你，你的头，一直埋在书里面。

体育课

11月5日　星期四　天气晴

少有孩子不爱上体育课的，那是鸟儿暂别樊笼，去拥抱蓝天，自由自在。

你也爱，且爱得有些狂热。

一个星期，只有两节体育课。到了高三，减成一节了。

安排在下午。早上起床，你就开始预告，下午要上体育课啦！其急迫期盼的心，很像我小时候盼过年。我那时是盼吃盼穿，而你现在，盼的是自由自在的呼吸吧。鞋是要换成好奔跑的篮球鞋的，衣服是要换成好运动的篮球衣的，手上还要抱上一只篮球。午饭后，先在家里拉开打球架势，腾跳，翻转，投篮，球击打着地板，咚咚咚，咚咚咚，煞是热闹。怕影响了楼下人家，我立即制止了你。你答应一声，不再对着地板，改对着墙壁拍开了。并在半空中模拟投篮动作，还自恋地问我，妈妈，我这动作够潇洒吧？

潇洒，潇洒，天底下有比你更潇洒的么！

你得意地嘿嘿笑。这一节体育课，对于你来说，不啻是干旱天气里的一滴甘露。

可是，从今天起，你却决定放弃饮这滴甘露了。你说没时间，你要把这一节课挤出来，做数学题。

你擅自去跟邓老师说了你的想法，邓老师竟也是支持的。一切都要为高三开绿道，一节小小的体育课算得了什么？

体育老师集合的哨声，在楼下响起。你的同学拉你一起下楼，你不为所动，硬是把自己关在教室里，不去听操场上不时传来的笑声和惊叫声。一节课，你把一道数学题，演算了七八遍。你说你当时很为自己的精神感动。

放学时，你路过学校奥林馆，校运动队的队员们正在里面训练。你听到有篮球拍击地板的声音，忍不住走进去，问人家要了篮球，摸了一下。只摸了一下，扭头便走。

你说，这次我要考验一下我自己，看看能坚持多久。

我劝你，还是上上体育课吧，一星期只一节课而已。

你回，不，一节课四十五分钟，可以做一张数学试卷的。

你一点没有戏说的样子，转身就去做自己的事了，留下惊呆的我。

每个孩子的成长，是不是都要经历一些裂痛？在取舍之间选择，放弃一些，再放弃一些。这到底是好，还是不好呢？面对你的成长，我有时，也是一筹莫展。

也是忧伤的

11月7日　星期六　天气晴

每次寒潮欲来前，天气都回暖，回暖得有些过分。

如现在这般，太阳暖洋洋的，快把人融化了。深秋的天，叫人恍惚，以为春天回来了呢。

一切的变数，原都是有预兆的吧。就像你，这次的改变，应该从高考报名那天起。那天你说，时势逼人。你没得选择。你于是来了个大转身。

下星期将举行期中考试，又是一轮不见硝烟的战争。你有些手忙脚乱了，摊了一桌子的练习，都是未完成的。

语文方面，你比较苦恼于名著阅读。题现在是越考越刁，冷不丁从书中抽出一段肖像描写，让你们写出某个人物的名字来。那些名著，你已读过多遍，像《三国演义》，你都读七遍了，却记不住里面的这些小细节。每每考到，40分的附加题，你只能得20分。我提议你最好在书上做点记号啥的，这样有利于记忆。你不置可否。

好，咱指导不了你学习，调节气氛总可以吧？看你整晚坐在书桌前，我拉你一起跳自创的家庭舞蹈，上上，下下，左左，右右。

趁着这个间隙，我们聊天。不聊学习，我们聊别的，聊某个男生，喜欢某个女生。某个女生，喜欢某个男生。

你说，如果你喜欢一个人，你会永远喜欢下去。

我自作多情地问，就像喜欢妈妈一样的喜欢？

你撇撇嘴，不答，很有城府地笑。

我们也聊一些年轻的作家。你喜欢郭敬明，不喜欢张悦然。我说，张悦然的文字挺有个性挺犀利的啊。你说，那是张扬。你说郭敬明的，有淡淡的忧伤，很符合你某些时候的心情。

我心里一惊，原来，你也是忧伤的。当我们恨铁不成钢的时候，你这块铁，正经历着怎样疼痛的冶炼啊。

我轻轻拥抱了你。这是我眼下，唯一能做的。

对　手

11月9日　星期一　天气阴

先讲一个故事给你听吧。故事来自几米的漫画：

一只小老鼠，与一只猫做了邻居，猫成日家欺负小老鼠，追得小老鼠东躲西藏，惶惶不可终日。可怜的小老鼠每天每天把大把的时间，都耗在和猫的斗智斗勇上，活得那叫一个累啊。

有一天，可恶的猫病了，躺在床上出不了门。这下子可高兴坏了小老鼠，它把家里所有的门窗都打开了，它打扫卫生，它对着月亮唱歌。它不再担心猫来骚扰，它想吃就吃，想玩就玩，想睡就睡，美得恨不得飞上天。

然这样的日子，只持续了三两天，小老鼠就觉得乏味了，它总感觉到哪里不对头，身子懒懒的，提不起一点劲来。它喜欢的月亮，也不那么诗情画意了，日子真是空洞和无聊啊。这个时候，它竟很是想念猫了。是猫这个对手的存在，才使它的生命，充满活力。

你私下里，也有个竞争对手，那个对手，是你的同桌严。他因从小父母离异，性格比较孤僻，行为多乖张。这样的孩子，外表有多强硬，内心就有多怯弱。

告诫你，千万别碰别人的痛处，对他人，一定要怀一颗怜悯的心。

你说你懂。他不能与其他同学很好地相处，却能与你和睦至今。

在学习上，严是你强有力的对手，尤其是他的数学，每次考试成绩都在年级遥遥领先。邓老师对他器重有加，课上布置数学题，都是先看看他做起来了没。尽管，有时你的思维比他要快很多，但老师硬是不相信你。

你憋着一肚子气，说这次期中考试，你一定要超过严，一定要证明了给邓老师看看，你学数学，原是有天赋的。

然等到考试结果出来，你很郁闷，因为粗心，你一下子丢掉17分，严比你高出10分。

你在与对手的较量中，又输了。你说，都灰心了。

那么，好吧，咱不跟严比，咱就这样，慢慢儿走，我装作淡然。其实心里在说，儿子，千万别轻易认输呀。

你听了我这话，不服气地一挑眉毛，妈妈，你就等着看吧，最后谁胜出，还不一定呢！

这颗定心丸，来得可真叫及时。我在心里窃笑不已。

感谢你的对手！感谢他的存在！

入冬的节奏

11月11日　星期三　天气阴

雨大。风狂。

入冬的节奏。

北京都降了好几场大雪了。跟我们临近的山东，昨日也降下一场大雪，沸沸扬扬。

我下班，天已漆黑。一路跑回家，手里的伞根本挡不住狂风暴雨，衣服鞋子尽数湿透。你爸在做晚饭，我叫，潇潇。没人应。我不信，跑去房内寻你，没见着。你爸这时说话了，潇潇还没回家。我想，糟了，你一定没带伞。衣服也没来得及换，就又出门，跑去学校接你。

一路上遇到不少放学回家的孩子，我一个也不肯放过，凑上前去查看，生怕你与我擦肩而过。结果，都不是。我跑到校门口去傻等，等到里面的孩子都走得差不多了，已少有人走动了，还是没见到你。我很懊恼，以为错过了你。返身回家，你爸正在接你的电话，你说你还在教室里，雨大，不回了。我着急地问，那晚饭怎么办？你说没关系，等上完晚自习后，回家吃。

只能这样了。我怏怏的，很内疚，似乎是我做错了什么。

晚饭只我和你爸吃，小小的餐桌，没你的参与，显得有些空荡了。

没滋没味地吃完晚饭，我到底放心不下你，给你送伞送零食去。我抓了一把饼干，又拿了两盒牛奶，想你先垫一下肚子总是可以的。我顶着大风大雨，深一脚浅一脚地，赶到学校，绕了好大的弯子，才爬上你所在的四楼。

我想到我的小时，下雨天，眼巴巴望着教室外，极盼望父母给我送伞的。然我的父母——你的外公外婆，一次也没给我送过伞。大冬天里，我只能赤着脚（布鞋怕被雨水弄潮了，脱下来，护在胸前），拿外套罩着头，往家狂奔。冰冷的雨水，顺着皮肤直往骨头里钻，尖锐的冷，如同针刺一般。我曾怨恨过你外公外婆情感的粗糙。是到成年后，我才理解了他们，那个时候，他们要为一家老小讨生活，天天吃了上顿愁下顿，哪里还有精力去管下雨那档子事？他们不是不爱，而是心有余而力不足。

与我的年少相比，我的小孩，你是幸运的，你的父母虽说不上有多富有，但从不曾让你挨过饥寒。有时我想，这未必是好事，你也该适当地尝点苦，才知道珍惜甜。比如这下雨吧，让你淋点雨有什么要紧？可做妈妈的就是这么矛盾，万般舍不得。等将来哪一天你也做了父母，才会懂的吧。

晚自习你回来，我炒饭给你吃。青葱切碎了，打入鸡蛋，油爆炒后，放入米饭。你边吃边夸，香。不停地跟我说学校里的事，你说现在跟寄宿在校的男生，关系相处得很好了。

我说，好啊，就要这样的。

你说你班同学都说，你妈真好，还给你送伞送东西吃。

谢谢妈妈，你突然说。

只这一句，我在雨中的所有奔波，都值了。

上了锁的少年时光

11月13日　星期五　天气晴

这次期中考试，你比上次月考进步多了，在年级上排名43，在班级上排名第六。邓老师打电话告诉我，他很为你的进步高兴。他说，潇潇是有灵气的，潇潇是相当聪明的。像夸自家孩子一样。感动得我，反而没了话说。你真幸运，遇到这样一个好老师，你要终身记住他。

天冷，你放学回家，呵着双手，一径向我奔过来。像小鸟奔向老鸟。妈妈的怀抱，是你永远的港湾。但愿！

读书，上学，现在你要做的最大的事，就这两件。有时，看着像鸵鸟一样，整日里把头埋在书堆里的你，也心有不忍。你少年的时光，是上了锁的啊。我跟你开玩笑，不如，我们一起逃学去吧。

去哪里？你问。

我说，随便，我们走江湖去。

然后呢？

然后，再回来。

再回来后还要不要上学呢？

……

这场对话之中，你显得比我要沉着多了，你以无比冷静的眼光，看清了现实根本无可逃避，只有面对。

你很有步骤地学习，吃饭，睡觉。我在一本书上看到这样的话，如果能持续坚持四周，会改掉一种坏习惯，养成一种好习惯。我掐着指头数着呢，希望这一次你的改变，能坚持四周下来。

还是有些怕写作文。一整个晚上，你面对一个作文题，苦思冥想，硬是没挤出三两句话来。你说，想不出写什么。我急，怎么想不出呢？你看到的，听到的，闻到的，想到的，都可以写啊。

你一脸茫然地看我。我突然心里一凛，上了锁的少年时光，看到的，也只是教室外的那一角天空。听到的，也只是父母老师同学的声音。闻到的，除了书本的味道还是书本的味道。

喟然长叹一声。

这劳什子作文咱不写了，等灵感来了再说，咱洗洗睡觉去吧。

被伐倒的树

11月14日　星期六　天气阴

我很花工夫地给你做一顿饭，好久我没这么花工夫了。这有褒奖你的意思，你最近表现相当不错。

拌了凉皮。里面加了香菜，萝卜干切成碎末，火腿肠切成碎末，放了点老干妈辣酱，滴了两滴麻油，放了一点点醋和酱油，再加一点肉骨粉。色泽也好，入口也香，我自己佩服一下自己的手艺。

我还做了韭菜炒鸡蛋。跟以往的做法不同，油用葱爆过，我先放入鸡蛋，快速搅拌，半凝固时，加入切得比较细的韭菜，翻炒，加点水，再翻炒，放调料，起锅。这样炒出来的韭菜鸡蛋，既嫩又鲜，真是好吃的。

土豆烧肉烧一大碗，你专拣肉吃。我笑你前世肯定是个食肉动物。

紫菜蛋汤也烧得好吃，你能喝半碗。我要你搭配着吃，韭菜什么的，也要吃一点。你为报答我似的，用筷子头挑挑，很矜持地吃了一些。

我们随便聊一些什么。饭桌上，是我们情感交流最畅快的时候，它是另类佐料，伴着我们，把饭菜香香地吃下。我想，所谓天伦之乐，定少不了餐桌围坐吧。

今日你说看到后排的人家，把长得好好的树，伐倒了。那是一排杉树，应该长很多年了，树干粗壮挺拔，都长到三四层楼那么高了。春日里，有野鹦鹉停在上面，变换着嗓子唱歌。夏日里，有丝瓜花一朵一朵爬上去，在半空中俯瞰，笑得千娇百媚。

你可惜的不是这些，你可惜的是树。你说，他们为什么要砍树呢？说一遍不够，说两遍，说两遍不够，说三遍。你说，长得好好的树，那么粗，他们为什么要砍掉呢？

我接不了话，我的心中，也是悲悲的，我再也听不到那些野鹦鹉叫了，我再也看不见千娇百媚的丝瓜花了。

那些树倒在地上，真可怜，你忽然叹。

我的心被你的话勾得柔软了。能对一棵树心生怜悯，这样的孩子，还怕他没有一颗感恩的心吗？

人类日益缺失的，是不是这样的怜悯？

回　眸

11月15日　星期日　天气阴

天冷得嘎嘎叫，温度从个位数一径滑下去，一直滑到零度以下。

你一路飞奔回家，“砰”地推开我的房门，一股冷空气跟着进来，你叫，妈妈，你看。

我正埋首在电脑上，不在意地回头瞥你一眼，我问，看什么啊？你伸出胳膊，让我看你的衣。哦，原来，上面沾满了雨水。外面下雨了。

我竟未曾留意到外面的天。我说对不住啊儿子，妈妈没给你送伞去。你忙说，妈妈，没事的，淋这点雨算什么啊。

你懂得体谅别人，很好，很好。

给你的小房间里插上取暖器。你继续对付难啃的骨头——作文。今日老师出的作文题是《回眸》，你倒很有些话说。最快乐的，也就那几年吧。记忆里，是五六岁时的夏天，你跟我们的朋友去乡下，他们的孩子和你一般大，他们在乡下有祖屋。你和他们的孩子玩疯了，乡下广阔的天地，由着你们奔跑飞翔。你还折了根芦苇，伏在沟渠边钓龙虾。你清楚地记得当时的场景：天空很高，云朵很胖，像些小肥羊，排着队，一队一队地从你们的头顶上迈过去。田野里的稻花都开了，风中飘着好闻的植物香。你说，沟里的龙虾多得不得了，我和储壁颖钓了满满一大桶啊。你的眼睛里，蒙上一层迷醉，你沉在你的往事里，久久出不来。

我颇感兴趣地问你，还有别的有趣的事吗？

你想了想，遗憾地摇摇头。十七年的岁月，在你的回眸里，已成模糊的一团影，无法望得真切。记忆的留痕是那么的少而珍贵，短暂的快乐童年之后，你升入小学，背上书包，就像蜗牛背上了重重的壳。从此，在这个尘世里，开始了你的艰难行走。

人到这世上来，原本就是来受苦的。不知怎的，我想起这句话。

父子之战

11月16日　星期一　天气阴

人都说，女儿是父亲前世的情人，而儿子是父亲前世的仇敌。

有点像。

是从哪天起，你和你爸，这对“仇敌”之间就开始了战争？他不管说什么，你都表示不屑。其最终结果是，你俩像两条好斗的公牛，角与角对峙，各不相让，彼此伤得不轻。

高二时，你不爱学习，满脑子的奇思幻想，老师在上面讲一节课，你在下面神游一节课。成绩是一团的糟糕，你不以为意。你爸急得夜夜坐床上叹息，叹着叹着，眼眶就湿了，他不明白，他的儿子怎么会这样？那么刚强的一个男人，在你面前，溃不成军。

你喜欢读玄幻小说，被你爸收掉一本又一本。后来，你竟私自拿了我的钱，去买了个MP4，上面下载了一堆的玄幻小说。巴掌大一块东西，好藏，好随身携带，极容易骗过我们的眼睛。

那些日子，你上卫生间的时间明显延长，有时长达一个多小时，终引起你爸的怀疑。某天，你又待在卫生间里，久久不出来。你爸破门而入，你的秘密，彻底暴露。MP4当场被你爸摔了，他许久没举起过的拳头，举向你。你一声不吭，眼睛对视着他，任由他的拳头落下。后你爸被我拉开，他落泪了，你却一滴泪也没掉。我当时的心，被你们两个揉得粉碎。

自那以后，你没开口再叫他一声爸爸。尽管你们现在早已忘了“前仇”，尽管你们有时聊天，聊得热热乎乎，你依然，不肯叫他爸爸。你多用“哎”或“他”来代替。

问你为什么不叫？你说不习惯了。你说等高考结束了，会叫的。

爱明明在，那么深切，那么温厚，却彼此故作冷漠。

雨大，你爸冒雨去商场，给你买回电热毯，又亲自帮你铺好床。他调试了温度，自己躺到上面先体验，他怕它伤了你。他对你的照顾，比我细心多了，我在一旁看得眼湿。

早晨，基本上都是你爸起床给你弄早饭。为你吃什么，他绞尽脑汁。昨天吃汤圆的，今天换成小馄饨，明天则考虑着是不是吃面条。他做这些，心里充满欢喜，希望你喜欢吃，希望你吃得饱饱的。他说，儿子若挨饿，上课哪有心思听课啊？

你写《回眸》那篇作文时，我曾建议你写写爸爸，那么英俊的一个人，如今，青丝也已染上白发了。一根，两根……阳光下，我帮他拔，竟是拔不完。

你一口回绝我，不写，我最不喜欢写这个。

是不是要到多年后，你才肯回眸？才知道，这世上，最难复制的是亲情。最难回得去的，还是亲情。最怕浪费与挥霍的，同样是亲情啊，我的宝贝！

你当然不是个狠心的孩子，你懂这些，却不知如何表达。对于我，你却像粘在我身上的一块糖，那么黏糊。你每天无论回家，还是去上学，问我索要得最多的，是拥抱。你的头埋在我的肩上，有些贪婪了。我倒是希望，你能拥抱一下你爸的。

也许我的担忧有些杞人忧天，儿子最终是和爸爸同一条壕沟的。因为，他们在骨子里，其实是一个人。看啊，你长得越来越像你爸了，你的脸型像，你的身材像，你的神态像。我想，会有这么一天，你们父子俩坐在一起喝酒，你一杯我一杯，把我撇一旁，直喝得星星们都睡觉了。

有的，一定会有这么一天的。

流星雨

11月18日　星期三　天气晴

新闻里说，凌晨五点三十分左右，有流星雨可看，届时，将有 300 至 500 颗流星一齐划过天空。

昨晚，从学校回来，你吃掉我给你留的桂花糕，我们一起讨论这场流星雨。你说，妈妈，我还没看过流星雨呢。我说我也是。

这是难得的盛况，我们都很期待。你没心思再做作业，你爸看见了，不像往常那样啰唆你，他大度地说，今天晚上你就放假吧，早点睡，明早起来一起看流星雨。

你当然高兴，跑过来抱住我，“啵”地一下，在我脸上死命亲了一口。我说，不是我放你的假，是你爸，你应该亲你爸。

你嘿嘿笑。你爸也嘿嘿笑。你们的笑容，那么相像。

凌晨四点多，我和你爸就起床了，蹑手蹑脚地在屋子里走，怕吵醒你。但你，还是醒了，一骨碌翻起身，比平时叫你起床要麻利多了。

我们一家三口，守着阳台，头挨头地望向天空，一边悄悄地说着话。周围静，空气清冷，树木，大地，房屋，在暗夜的天空下，像雕塑。

我并不感到寒冷，我左边看看，是我亲爱的人。我右边看看，是我亲爱的人。你在，他在，我在，多好啊。

说到流星雨许愿的事。我问你将许个什么愿。你笑而不说。

我呢？想起你还小的时候，我到普陀山游玩，学人家给菩萨敬香，三根手指夹住三根香，举过头顶去。在我，并不是真的相信那个，只是觉得有趣。同去的人催我，赶紧许愿啊。我闭起眼来，一时竟想不起该许什么，脱口而出一句，我愿一家人一直一直好着。

这是扎根在我心里的愿望吧，只要你们好着，我就很满足了。

等啊等，十分钟过去了，二十分钟过去了，三十分钟过去了，想望中壮观的流星雨，一直没有来。却不失望，因为我们看到另一番美丽的景象，那是日出前的。星星们渐渐隐没，天空一点一点变亮，云彩增多。它们缠绵在一起，一会儿拉成一条丝线，一会儿铺成一匹锦缎，散射出奇异的光芒。远处的树木房屋，像罩上了七彩的羽毛。

我们一齐叹，真美啊。

我的小孩，任何的等待，都不会是一无所获的，常有意外的美好降临也说不定。就像你在高考路上所走的每一步，未必能响彻四方，可是，它培养了你的意志、耐力和韧性。高考关都闯过去了，足以能笑谈一下人生了。

倒计时：200天

11月19日　星期四　天气晴

我想看好莱坞的大片很久了。那部片子，媒体上炒作好些时候了。

却一直未看，怕影响你。

因为你，家里的电视，成了摆设。除了偶尔看看早间新闻，家里基本上听不到电视的声音。

今日，我终于抵不住诱惑，和你爸一起在网上观看。唯美的画面，惊悚的背景音乐，两者本是风马牛不相及的，在这部大片里，却偏偏配合得天衣无缝，扣人心弦。

你下晚自习归来，片子正播放到精彩处。你亦早已听说过这部大片，你们班的许多同学都看了。你很馋它，想看。我心想着，就让你看看吧，看一会儿电影，天也不会掉下来。但嘴里面说出的却是，乖乖，你就不要看了，赶紧把作业做完吧。

以为你不愿意的，谁知你居然没再坚持，伸手轻轻抚了我两下，自去客厅做作业了。让我心里好一阵感动，想想，能抵住眼前这等诱惑，需要付出多大的勇气啊。

你跟我聊天时，说到你班的一个女同学。你特佩服她的智力，你说她上课也不怎么听，但只要稍稍用点功，她的数学成绩，就唰唰唰直往上升。可是她不认真，喜欢玩手机，喜欢看韩剧，说起韩剧来，眉飞色舞。你说，她到现在还不知道认真，还看电视，还上网，像她这样子，考本科别想了。你用的是忧虑的口吻。我在心里发笑，什么时候轮到你替别人担忧了？

你带回一张纸，上面只有一个数字——200，用墨笔写得大大的。你让你爸猜那是什么。你爸猜不出。你又让我猜，一脸神秘的笑。我是何等敏感的人哪，一下子猜出，那是高考倒计时嘛。

你说，真快，高考仅剩200天了。

其实，人生每天都在倒计时。只是我们总以为人生很长，而浪费掉许多。

乡 下

11月21日　星期六　天气晴

周末学校是不上课的，学生可以在家里自习，也可以去学校自习。你说家里没有学习氛围，还是去学校好。

我坚决支持。在学校，你学习累了还可以陪同学聊聊天，打闹着玩会儿，也可以去楼下的操场上，拉拉单杠。

你说，现在还玩？哪有时间？像看外星人一样看我了。

看你一本正经着，我暗暗好笑。你爸赶紧接茬，对你献出“谄媚”的笑，说，就是就是，咱儿子时间宝贵，哪像个别人，只想着玩。

得，我自去玩我的。

去乡下，乡下有你外公外婆在。不过百十里的距离，因为你，我们愣是一年难回几趟家。

地里的蔬菜，长得蓬勃。我亲自挑了许多，带给我的小孩吃。亦帮你外婆播小麦种子了，看着种子一粒一粒落到土里，想着不久的将来，那里将是一片麦子绿。所谓种瓜得瓜，种豆得豆，土地一点不会玩欺骗，你付出多少，它将回报你多少。

我的小孩，你现在在种什么，你又将收获到什么？

在乡下没敢耽搁多久，掐准了你回家吃晚饭的时间。走时，你外公再三叮嘱，别把孩子管得太紧了，适当放孩子出来透透气。你外婆在一旁一个劲地叹，唉，孩子太可怜了，整天要读书，脑子都读坏了。搞得我和你爸，像后妈和后爹，在虐待你似的。

我们到家，你已自去浴室洗澡了，桌上有你的留言条。我们做好晚饭等你，你爸又特地去饭店炒了一个菜，他说发现你这两天瘦了，要给你加营养。

饭菜都凉了，你才从浴室回，说是躺在那儿睡着了。

一句责备不敢有。饭菜热热。饿了吧？咱赶紧吃饭吧。

紫茄荚子

11月22日　星期日　天气阴

一段时期，你特爱吃紫茄荚子。做这东西相当费时。操作步骤是：紫茄刨去皮，竖切，成两块。鲜肉剁碎，拌上油盐酱醋、葱末和生姜丝，备用。在每块紫茄上横着镂出若干“小沟”，把备用的碎肉，塞进那些“小沟”里。然后，把处理好的紫茄放锅里蒸。三四十分钟后，方成。

你爸单位食堂有师傅，做这个最拿手。你有次在那里吃过，念念不忘。我特地跑去讨教，回来学做过几回。

今天你又提出，想吃紫茄荚子。每天家里吃什么，都由你定。你的胃口，基本上代表了我和你爸的胃口。你貌似不挑食，问你想吃什么，往往答，随便。可是我的小孩，市场上哪有“随便”卖呢？真真让我们为难坏了。你爸去买菜，往往从菜场东头，转到菜场西头，又从菜场西头，转到菜场东头，踌躇不定。

难得今日你钦点了这道菜，这就好办多了。你爸赶紧去菜场，把所需材料买回来。一上午，我别的事未做，专做紫茄荚子了。

想你妈我，原是个顶怕进厨房的人。让时间流逝在厨房里，在我，是相当痛心的事。对吃，我从不讲究，能填饱肚子就行。我更喜欢手执一本书，坐在窗前，看它个昏天黑地。然而，为了讨好你的胃，我穷尽我在这方面的智慧，且不觉时间流走的可惜。

我低头，洗，切，剁，拌，一丝不苟。想到书里写，洗手做羹汤。

多是写爱情中的女子，为爱情不惜低下头去。我呢？我只是为你我的小孩，不惜低下头来。

所有的母亲，原都是低着头的，好养育她的小孩。这会儿，我想念你的外婆了，她的衰老，是从背部开始的。那是长期的低头劳作导致的。

到中午你快放学的时候，我做出的紫茄荚子，已热乎乎端上桌了。

有的人是鞭策出来的

11月23日　星期一　天气阴

连续下了好几场雨了。

据说明天还要下一天的雨。

下午我走在街上，听到身后两人在交谈，一个说，这雨啊，没完没了了。另一个立即接上，天也肯定下烦了。我觉得后一个人说的话挺逗的，天也会烦么？当然，它下烦了就出太阳吧。

最怜风雨中的那些梧桐树。曾经一树丰满的叶子，被风雨相摧，掉落一地，只剩零星的一些，也是摇摇欲坠。那么高大的树，看上去，竟很有些瘦骨嶙峋的了。

路边有炒菜卖，我买一份炒牛肉，带回家，给我的小孩加营养。

你一边吃着炒牛肉，一边喋喋不休地说着对邓老师的不满。邓老师的数学课上得好，这你不否认，且很喜欢听他上课。他上课有句名言：得数学者得天下。你不止一次学说他的这句名言给我听。我建议你，姑且听之，不要偏科，各门学科都得抓。

但事实上，平时学习中，你花在数学上的时间，是其他功课的几倍之多。一个中午做一张数学试卷，一个晚上做两张。还不算上平时课上练习的。你自认为你的数学已经达到一定境界，很多题目，你会做，你的同桌严却不会做。然偏偏的，邓老师假装看不到这一点，他的眼神里，话语中，无一不写着对你的轻视。

我开玩笑说，是你过敏了吧，哪有老师会轻视好孩子的？

你说，才不，他就是瞧不起我的数学。

譬如，同样一道数学题，你早就做起来了，他偏不看你的，而是越过你的头顶，去查看你同桌严的。当严做起来时，他会满意地点点头，夸一句，嗯，不错。这才注意到你，问你，王潇，你做起来了吗？

譬如，一次数学小测试，你前所未有地做对所有题。他愣是不相信地看着你，反反复复地问，王潇，这张试卷，你原来是不是做过？

他找严谈话，信心满满地对严说，你考一本是没问题的，关键是，要考上一本中的名牌学校。找你谈话，他的标准立即降了，要你向本一冲刺，确保能考上本二。

他也忒门缝里看扁人了，你说。很受伤的样子。

我乐了，我说，看不起就看不起呗，你自己知道自己行就是了。

不，你掷地有声地说，我就是要让他看看，我下次一定考个全班第一，让他瞧瞧！

我的心里，立即花开一片。我多么感谢你们邓老师！有的人是鼓励出来的，有的人，却是鞭策出来的。

青春，青春

11月25日　星期三　天气晴

我去一个学校开讲座。

孩子们被老师像赶鸭子似的，赶进一间大礼堂。

我以为会吵吵闹闹沸沸腾腾的，结果进去，却是鸦雀无声。那些孩子脸上，写着淡漠和倦怠。我的神经被碰痛，一张脸一张脸看过去，我说，孩子们，笑一笑，咱们先笑一笑。

孩子们看着我，有些惊愕，勉强扯开嘴唇，笑起来，笑声很小。

我再鼓动，咱们可不可以先开心两分钟？

笑声这才稍稍大起来。

那是些和你差不多大的孩子，看到他们，我总要想到你。青春的孩子，如果缺乏应有的热情和活泼，实在是件极可怕的事。

自私的心里，竟有些希望，你能够追点儿星，弄点儿出格的事，不要出大格就好。因为，青春自有它的张狂，和满满的向往，而不是一副病态的模样。

你还真追星，对姚明很着迷。你的小房间里，姚大个子捧着篮球的照片，贴了满墙。你省下钱买体育画报，追着看姚明的最新动态。你模仿他的投篮动作。你八卦他的趣事。你知道他，像知道一个一起长大的玩伴。

真抱歉啊，你在我耳边说了那么多的姚明，我还只知道他是个打球的，只知道他人在美国，我愣是没搞懂什么NBA，什么前锋后卫的。

你说，姚明爱国。说这话时你神情凛然，那岂是简单的热爱所能概括的？你对他，简直是敬仰了。

你让我凛然起来，觉得不能再小视你的看法和想法。

有时，定下神来，我感觉像做梦一样，你咋就长这么大了，大到能跟妈妈讨论一些很严肃的问题了？要知道，我当初的愿望只是这样的，在你贪玩时，我在家门口叫一声，潇潇，快回家吃饭。然后听着你扑哧扑哧地跑回家。

一个孩子，从会说话，到会跑，到哭着上幼儿园。如今，小白杨似的站我跟前，快要参加高考了。呵呵，这人生，真有意思。

男生女生的那些事儿

11月26日　星期四　天气晴

高二时，你恋过一个女生。

你们互相写纸片儿，个个取了一个奇奇怪怪的英文名，彼此称呼着。

你省下早餐钱，给她买巧克力。你悄悄去车棚，把她骑的自行车擦得干干净净。她生病没去上课，你帮她整理好全部的听课笔记。她说喜欢成绩好的男生，你有一段时间，就非常非常用功起来，你要做她眼中成绩好的那一个。

这事儿，起初都是隐蔽的，我不知。是你们邓老师先发现的，他遇到我，神情极其严肃地说，你家王潇，恐怕在谈恋爱，这会影响他学习的啊。

我听了，第一反应是，太有意思了！我的小孩，居然长大到可以恋爱了。第二反应是，这家伙真不够意思，怎么连妈妈也不告诉呢！

回家，我单刀直入问你。你没有否认，只是很不安地看着我。

我说，怎么不让妈妈分享你的小快乐？

你小声说，我以为你会反对的。

我拥抱了你，我说这不是多大的事儿，你经历的，妈妈也曾经历过。我说起我的高中时代，坐我后排一个爱吹笛子的男孩子。

你神情立即放松了，一五一十，把与那个女孩儿如何交往的事，统统告诉了我。

我饶有兴趣地听，跟你开玩笑，你写的情书，最好先让妈妈过过目，千万别出现错别字，惹女孩子笑话哦。

你抿了嘴，一个劲地乐。

我又给你提了两点建议：

一、要有尊严地爱。千万别把自己的自尊踩在脚底下，一个连自己的自尊都不要的人，是得不到爱的尊重的。

二、努力优秀些，再优秀些。这才是吸引女孩子的葵花宝典。

因我态度明朗，你的这场恋爱，完全成了阳光作业。你们之间，也无非是些小纸片往来，你有时会拣其中有趣的章节读给我听。到底是写小情书，文采比写作文时好多了。我夸，句子真流畅。

有一段日子，你没提那个女孩，倒是我好奇了，看客似的追问，怎么样了怎么样了？你平淡地说，不谈了，没什么意思的，我现在，也不怎么喜欢她了。

这是我预料中的结果。我什么也没说，笑笑，轻轻拍拍你。

这几天，你回家来，灌着一肚子有趣的事，竟都是有关男生女生的。你告诉我，你的同桌严又喜欢上一个女生，那个女生也喜欢严，但因严跟另一个女生好，她吃醋，两个女生吵架了。还说起你们班另一个女生，最近特郁闷，拼命吃东西长胖，因为她失恋了。

我同情地说，恋爱都是伤筋动骨的事，儿子，我不要你受伤害。

你笑得差点喷饭。笑完，你很正式地跟我说，妈妈，你放心，在高三，我是坚决不会谈恋爱的。

咦，怪了怪了，我有什么不放心的？你谈，我支持。你不谈，我亦支持。说到底，男生女生，不就是那些事儿么！

你跑过来，在我脸上“啵”地狠亲一口，说，还是我妈妈英明。

我终于，让你佩服了一回。

当纯真遇上造假

11月28日　星期六　天气阴

学校今天补课了，因为上面教科院来人听课。

课都是事先安排好的，其中有你们邓老师一节数学课。

课是下午上。中午回来，你很不屑地说，造假，造假，老师也造假！

造什么假？我自然要追问。

你说因为下午有人听课，老师上午一直在教室里排练，还发了一张数学试卷，让同学们提前做。下午的课堂提问，都是那上面的题目。

还打扫除了，教室都拖四遍地了，楼梯也让我们用抹布擦了。妈妈，帮我记住，下午我要穿校服，不穿校服不准进校门，你帮我把校服找出来。你吧啦吧啦一通，然后从鼻孔里哼出一声，是大不屑了。

你这等“嚣张”，我当然不会支持。我非常严肃地要求你，别的同学怎么做，你也必须怎么做，又不是针对你一个人。

你没吭声，不做任何表示。

下午，天下雨，我给你送伞去。遇到你们邓老师，他说你在公开课上，很不配合他，问了你一个试卷上的问题，你硬是没答出来。

等你回家，我责怪你，怎么可以这样呢？你恼了，说，就这样怎么啦，人家是听他的课，又不是听学生的课，学生差有什么办法？

你这样说话，真让我生气，“差”是可以随便给自己加上的么？况且，你这完全是故意的。

一晚上我没跟你说话。临睡觉前，你跑进我房里来，伸手抚我，你说，妈妈，别生气了，我只是看不惯造假。

我的心，一下子软了。我说，你要懂得给别人台阶下，只要不是原则性的事。我说话的底气，明显不足。

我深切地知道，你已不是小时候的那个你。那时，我抱你在怀，你指着天空的小鸟问我，妈妈，那是什么？我逗你，那是小老虎。你也信，跟着重复，哦，是小老虎。现在，你已有你的想法你的处世标准。只是我的小孩啊，世事复杂，将来，你将如何与这个世界达成和解？

一方面，我庆幸我拥有一个颇有正气的孩子。另一方面，我又忧心忡忡。

不做玻璃人儿

11月30日　星期一　天气晴

你在看英文版的《哈里·波特》，每天晚上看一小时。本来是偷偷放在学校看的，你爸最反对浪费时间了，你怕他看见你现在还看大部头，会啰嗦你。我说，这有什么呀，只要你喜欢看，你尽可以带回来看。

因我的支持，你大大方方把书带回来。

我问，看得懂吗？

你老实答，好多的单词看不懂，但可以猜。

你一个小时能阅读12页，你自感现在英文阅读能力提高了。

我鼓励你，一定要把这本书看下来，原汁原味的啊。

你的数学感觉也颇好，尤其是解析几何部分。你说，几乎没你不会做的题了。简直有一揽天下的气概。彼时，你穿着橘红色的棉衣，手一挥，那团橘红，像枚太阳。帅，帅呆了。

你完成了作文《弯腰》。写了一个拾荒老人的故事，那叫一个文思如涌啊。你说那是你在上学的路上，每天都遇到的一个老人。我大大惊讶了一回，原来，你也会观察生活的。免不了夸你一通，作文就该这么写。

这两天中午，你都搭了女同学的顺风车回家。我和你爸，一齐开你的玩笑，问那个女同学漂不漂亮。你说漂亮，但没我妈漂亮。嘿嘿，知道就好。没老妈漂亮的，能过了老妈这关么？所以，趁早罢手吧我的小孩。

你要跟我们签协议，说是如果单科考年级第一，奖励二百。总分考年级前十名，奖励二百。总分考年级前五名，奖励四百。总分考年级前三名，奖励六百。总分考年级第一，奖励一千。天底下有这么便宜的买卖么！我的小孩，这学习的事到底是为你还是为我们呀？你老爸倒是乐得眉开眼笑的，一迭声答应，成。

你的学习用功了许多，尤其对数学。真怕你会失望啊，因为期望越多，失望会越多。现实世界里，有太多的事与愿违。但又一想，这样也好，可以提高你的抗摔打能力。没看到现在的孩子，个个都是玻璃人儿，碰碰就碎的！你还好，挺顽强的。虽然我们宠你，但绝不溺爱。

去给你又买了一双暖鞋。你看见，高兴得很，立马换脚上去了。

捡拾起那一地鸡毛

是什么时候觉得孩子长大的？是在他（她）的嗓子变音了？是在他（她）的个头蹿高了？是在他（她）的书本里，偶然看到他（她）写的喜欢上异性的小纸条？是在他（她）不再对你的话言听计从，而是敢瞪眼跟你对着干？

某天，当你走进他（她）的世界，突然发现他（她）不再是你一直以为的那个乖小孩，他（她）有他（她）的缤纷，他（她）有他（她）的思想，仿佛是一夕之间，你已变得不怎么了解你的小孩了。你手足无措。

你不得不承认，是的，你的小孩，他（她）长大了。

你们之间的矛盾不断产生，尤其在高三这一年。这关键的一年，你希望你的小孩心无旁骛，一心向考。偏偏的，他（她）不是那么乖，他（她）不断地生些闲事，惹你伤心。

像眼下，高考又翻过一页去，可以用天数来数着过了，孩子却还一副不慌不忙的样子。对学习，他（她）谈不上不上紧，但就是与你的期望，相去甚远。他（她）甚至还有很闲情地，谈了一场小恋爱。

你首先是震惊，这还得了！然后是怒不可遏，觉得他（她）欺骗了你的期待，枉费了你一片苦心。你们之间的“战争”，不可避免地爆发了，好好的一个家，弄得鸡飞狗跳的。父子相见，如同仇人。你的心很痛，你几乎竭尽所能，来呵护他（她），想让他（她）少走弯路，为他（她）铺设美好未来。小孩却不领你的情，他（她）用“代沟”一词，彻底否定了你所有的好心好意。

一地鸡毛!

这个时候，作退步的，只能是父母。请你冷静下来，捡拾起那一堆鸡毛吧：

一、孩子的成长是个过程。青春是青涩的，亦是轻狂的。接受孩子的青涩，也同样要接受孩子稍许的轻狂。你不要用你成人的眼光，把他（她）的一切视为幼稚。跟孩子道个歉吧，尊重他（她）的想法，多加肯定，适当提出你的建议。他（她）不会因此反感，反而会在得到你的认可的同时，高兴地考虑你的提议。

二、淡然笑对孩子的小恋情。歌德曾说过这样的名言：哪个少年不钟情，哪个少女不怀春。你也曾青春过，在青春的梦里，一定也曾做过粉色的梦。所以，别把孩子的小恋情，当作是洪水猛兽，那是再正常不过的一种情感。

跟他（她）说说你的青春吧。你会在回忆中柔软起来，青春，原来是那样的美好，是一树繁花啊。你的青春却回不去了，而孩子的青春，正在盛开。你的心，因此充满感激，因为有这样一个孩子，在多年后的今天，帮你温习了青春。

孩子呢？他（她）亦会在你的回忆里，柔软起来。他（她）会突然理解了你，觉得离你近了，非常的贴近，他（她）愿意跟你一起分享他（她）的小秘密。

那么，好，做他（她）的知音吧。微笑地听他（她）说他（她）的小故事，看他（她）写的小情书。告诉他（她），你为他（她）的成长而欣喜。当他（她）无需再躲躲藏藏地恋着时，那样一份恋情，也就渐渐失去了原先的神秘，他（她）反而会淡化那份情感。

三、换一种心情来过。离高考仅剩200天左右的时间了，你不紧张是不现实的。但绝不能把孩子的弦绷得过紧，弦过紧了必断。更何况，高考不是生活的全部。还是以常态来对待吧，抽点时间看看花赏赏月，也未尝不可。这样，你轻松，孩子也轻松，你们相处得将会其乐融融。这对孩子的学习，对孩子的身心健康，是不无裨益的。

我亲爱的小孩啊，你会不会也破茧而出，从一只毛毛虫，变成展翅的蝴蝶？

第四辑

PART Ⅳ

破茧成蝶

封你一个大王做

12月1日　星期二　天气阴

下雨了，是长了毛的细雨。却冷，寒冷。很冬天的样子。

看到一棵枫树。从前，我无数次走过它身边，根本没留意那是一棵枫树。因为它总是枝叶葱茏得像松，像柏，像银杏。我以为寻常。

今日，它却以满树火红夹杂着紫红的颜色，来震醒我的眼睛。那真是一树的奔放，片片叶子，都在燃烧，酣畅淋漓。我摘了几片枫叶，带给你。日日守在你身边，却不知你的青春，也如一树枫叶，已在岁月枝头，燃起来。

这几天，你在考试。现在你们每两周就来一场测试，名曰：周练。

考数学时你的感觉奇好，你一路顺畅地做完，以为十拿九稳得第一的，可以赢得我们二百块的奖励。结果你与第一失之交臂，得了第二。你一进家门就大呼，痛心啊痛心啊。乐得我眼睛眉毛都在飞，我这不是白捡了二百块么！

你爸怕你丧失信心，嘴里说着考第二也有奖的，想悄悄给你钱，被我“严厉”制止了。咱说话算数对不？且你这钱赚得也太容易了吧，每次小考考个第一，也得奖励二百呢。

你拍拍胸脯对我说，妈，你就等着看吧，看我下次拿个第一给你瞧。

好，咱等着呢！

语文进步不大，每次都是那水平，且作文里出现许多错别字，错得好离谱。譬如，坑坑洼洼的“洼”，你写错了。譬如，蹉跎岁月的“蹉”，你写错了。譬如，影影绰绰的“绰”，你写错了。懵懂的“懵”，你干脆就用了个我不识的符号替代了。我当即封你一个大王做，错别字大王。

就你这水平，居然每次语文测试，还能在班级名列前茅，作文还能在全班数第一。由此可见，现在中学生的语文水平都到什么地步了。真是令人担忧哪！

要求你常备一本小本子，把平时写错的字，一个一个记下来。语文的提高，首先从学好汉字开始。

两个梦

12月3日　星期四　天气晴

收了雨，气温跌落得厉害。西北风开始吹了。童年时有句歌谣响在耳旁："北风飘飘，馒头烧烧。"北风在窗外吹，一家子围着火炉烤馒头，是不是最美的生活？那时是这样想来着的。

天黑得早，五点刚过，天就暗了。街上路灯开始辉煌。奔波的人，却仍在奔波。桥头天天有叫卖水果的，一到天黑就降价。今天卖的是大蜜橘，一卡车的蜜橘。远远望过去，那片橘红，在路灯下，鲜艳夺目。大喇叭里在叫卖：黄岩蜜橘，八角钱一斤，不甜不要钱。风中站着卖橘的男人女人，或许是夫妇。

自是经不起诱惑，虽然昨天才买了什么贡橘。卡车上的橘，实在个大得让人不忍释手。里面饱满的肉质，不用吃，嗅嗅也知道了。拣了几个，甸甸的感觉。男人给我称秤，女人给我找零钱。女人的手碰到我的手，凉，糙，我不由得多看了她两眼，一张饱经风霜的脸。

赚钱不容易。真的，赚钱不容易。我的小孩，想到将来你也要在这个尘世为生存奔波，我的心中，溢满疼痛。

你学习上的事，我们很少过问了，随便着你。你为了拿到我们的奖金，自己在蓄着劲儿。笑，到底是俗人一个嘛，亦离不开物质刺激的。

我在网上看电影，故意把声音调到很大。我去客厅倒开水，不停地走来走去。看你的反应，你自岿然不动。倒是我玩心大起，拉你，潇潇，来，陪妈妈看一会儿电影吧。

你伸手非常同情地抚抚我的脸，妈，你先自个儿玩吧，等我高考结束了，再陪你看。

我的心，哗啦一下，又开满了花。你的自制力不错，隆重表扬。

你现在唯一的娱乐，就是偶尔去打打篮球。一说到篮球，你就滔滔不绝，又会扯出姚明、易建联等谁谁谁来。你自诩你的篮球打得很漂亮。你说你现在在球场上，让人刮目，连连进球。还说什么转身的动作，那叫一个漂亮啊，无人能及。我笑眯眯听着，作崇拜状。这让你很受用，你越发把我当你的篮球知己了。

却连续做了两个不好的梦，在午睡时。两个梦都梦见你们邓老师跳楼了。你描述梦中景象给我听，说得活灵活现的。大冬天里，你淌了一身的冷汗，你说，我们老师为什么要跳楼呢？

我拍拍你。我说，梦与现实是反的，邓老师好好地在着呢。我拨通邓老师的电话，你听到他的声音，这才放心了。

外面的太阳，照在窗台上，在窗台上拓上一圈一圈的温暖。晴天白日呢。

你搂着我，好半天不说话。后来，突然问我，妈妈，我是不是得了抑郁症，是不是要看心理医生了？

我觉得好笑，小小年纪，怎么谈抑郁色变呢。你咋会抑郁嘛，你这么健康，你有这么好的爸爸，有这么好的妈妈。你说，嗯。头埋在我怀里，像只小兔子。

我不知怎的想起一个母亲写的话：世界，今天，我交给你一个完整的孩子，明天，你会把他变成什么样子？

我真想把自己变成盔甲，把那些可能的伤害，都挡在你之外。包括，那些突然而至的噩梦。

一个人，要自己有所担当

12月4日　星期五　天气晴

天还未黑尽的时候，我回家，上楼，在楼梯拐角处的窗口，偶向外一瞥，望见了一个红月亮，挂在人家的屋顶上。

我站着看了半天。看它慢慢往上爬，越爬越高，红色渐渐淡去，直到无痕。一轮明月，就挂在中庭了。

你下晚自习归来，我问你，今晚，你看到一个红月亮没？

你不答，闷头往你房内去。我跟你后面，见你把背包往桌上一扔，说，气死我了。一脸的愤懑之色。

未及我寻问，你已哗啦哗啦倾倒出来。

事情其实是个小事情：自习课上，有同学踢球玩，你也跟着后面玩了会儿。后来，你回到座位上，那个同学还在玩，把球踢得嘭嘭响，一幢教学楼的寂静，被球声粉碎得七零八落。终于惊动了值班老师，结果，球被当场没收。值班老师扔下一句话来，等着你们班主任来处理吧。

你们都是惧怕邓老师的。邓老师向来赏罚分明，他在班上三令五申过，晚自习一定要保持安静，谁破坏纪律，谁就回家待着去。

一晚上，你们再难安静看书，商量着怎么办。最后是你挺身而出，仗着班干部的身份，去找值班老师求情，低声下气说尽好话，只求那个老师通融一下，别把同学踢球的事告诉邓老师。

值班老师没有答应，他反问你一句，我怎么做是不是还要你来管？

你觉得深受伤害，你说，他神气什么啊，不就一个老师吗？再说，我们也不是犯了死罪，大不了不准上课。不上课就不上课，谁怕谁啊！

瞧，这就是你解决问题的办法，破罐子破摔了。为什么不想想另外的解决办法？为什么不试着主动争取邓老师的谅解？

邓老师？他才不会谅解呢，你噘嘴。突然眼睛一亮，看着我，试探地说，妈妈，要不，你去跟我们邓老师说说，替我们同学求求情，邓老师肯定会听你的话的。

你说你同情那个即将被处分的学生。那个学生成绩不好，家庭又没什么背景，很不讨老师喜欢，所以，他一犯错，老师肯定会大大惩罚。

我没有点头。不错，我的确跟你们邓老师很熟，但我却没有通天能力，会熟识你将来遇到的人。我现在能帮你，我将来如何帮你？一个人，要自己有所担当。

我建议你，让你和你的同学，一起去向邓老师说明情况，求得老师谅解。最坏的结果，是被惩罚。那你们也要受着，因为，是你们违背纪律在先。

你低头想了想，眼下唯一的出路，也只有这条了。遂答应去试试。

几件事

12月6日　星期日　天气晴

记下今日几件事吧：

之一，你踢坏家里大门。因为你忘带钥匙了，进不了家。在你两脚之下，门便报销了。你还挺骄傲的，说，没想到我的脚劲儿这么大，都是打球练的，打球好啊！

我真同情那门，它实在无辜得很。

我的小孩啊，你今天踹了门，门不会反抗你，明天你是不是要去踹汽车？因为它有可能挡了你的道。要知道，你那脚不是铁脚，而是肉脚。这点，你须切记。

之二，你眼镜的镜框坏掉了。你借同学手机，发信息给你爸，简洁到只有这几个字：框坏掉，怎么办？

你爸一头雾水，打电话问我，什么框？我们俩猜测半天，愣是没想到是你的眼镜框，以为你把教室的什么玻璃框弄坏了。回信息问你，你一个字送过来：框。更让人摸不着头脑了。后来还是我聪明，莫非是眼镜框？再问你，果真是。

我的小孩，你已吝啬到惜字如金的地步啊。是不是有一天，会懒到一个字也不肯跟我们说了呢？

之三，我在开会，走不脱，没回家弄晚饭给你吃。你自去小吃店解决晚饭。吃的是四块钱一份的炒饭。你很想再要一碗豆腐花，一问价，要两块钱一碗。你觉得贵了，没买。后来，买了一块钱的茶干。你说真想吃豆腐花的呀。

我听得有些心酸了，俺家还没穷到你吃一碗豆腐花也不能承担的地步呀，且你手上，当时握着六十块钱，是你爸给你吃晚饭去的。你愣是没用多少，你说舍不得。

我又因此欣慰，节俭是一种好品质。就算拥金山银山，若不懂得节俭，也终会被吃空。愿这种好品质能伴你一生。

之四，你完成了一篇作文。相当主动地拿给我看，迫不及待问我，怎么样？怎么样？

我不表扬绝对是不行的了。我于是大大表扬，真不错，让我刮目相看了。事实上，这篇作文写得还真不赖。

你得意扬扬，说，写时那叫一个文思如涌啊。信心满满的。

真喜欢看你信心满满的样子，像一棵饱满的葵。

阴天驮稻草

12月8日 星期二 天气阴

你一直只抓语数外这三门主课，尤其是数学，你在上面投入大量时间。而对于选修的两门——历史和政治，你除了上课听听，平时很少碰。甚至有时上课，也是爱听不听的，你埋头做你的数学，或是背英语。

你以为，这两门课到时突击性地背背就行了。于是乎，书上的内容，你少有答得上来的。测验下来，政治居然得了C。C意味着什么？意味着纵使你语数外的总分，超过本科分数线若干，也是没有资格上好的本科学校的。

这有先例在。朋友有小孩，今年高考考出400多分的高分，却被南京大学拒之门外。原因是，她选修的一门物理，只得了个C。

跟你谈两门选修课的重要性。你嗯啊应付着。说多了，嫌烦，回我，知道了知道了，不就是到时背背嘛。

到时？到什么时候？倘若牛过了河，吊尾巴能吊得住吗？！平时不烧香，临时抱佛脚，抱得住吗？！你今天等明天，明天等后天，那是阴天驮稻草，只能越驮越重！

——天知道，我把老一辈曾教育我的话，全用上了，且用得连贯极了。

你不屑，其态度终于把你爸激怒了。加上之前，你发表了一通对班主任不满的言论，早让你爸憋着一肚子火了。班主任突袭检查晚自习，让班上同学匿名写出在晚自习上不守纪律的人。你愤愤地说，这像特务行动。

我和你爸都站在班主任一边，一致反对你，认为邓老师做得对。他也是为你们创造一个安静的学习环境，若是晚自习搞得像在茶馆喝茶，那还谈什么学习效率？

你们大吵一顿，最后是你爸的声势，压倒你，你暂时闭了嘴。但明显不服气，你进了你的小房间，把门“啪”地关上。

家里暂时恢复了安静。只是这安静，让人心里堵得慌。

冷　战

12月9日　星期三　天气阴

天气黏糊糊的，雨雾缠绕。

站阳台望天，天像掉进丛林里的孩子，晕头转向，周围烟雾迷蒙——天也迷路了。

冬天，总要有好几场这样的反复，然后才能变得干净明朗。这好比你的成长，总要经历一些曲折迷离。

现在，你也掉在迷雾里了。

你和你爸，不说话，冷战在持续中。你拿他当空气。

想想你们这对父子也真是好玩，常常因某件小事相互抬杠，抬完，必要冷战一段日子。好在，有我在，我成了联结你们的纽带了。你爸悄悄问我，儿子怎么样了？然后冲你房间努努嘴，示意我去看看。我就屁颠屁颠跑去了。

也没什么事，你在埋头做练习。看见我，立即搁下笔，过来黏糊。

问你，为什么要让你爸生气?

你鼻子里“哼”出一声，不接我的话，继续和我黏糊。

我再问，你打断我，你说，还是我妈妈好。言语中，还挺委屈的。

不知是不是等你做了爸爸才会体谅，一颗做父亲的心。想你爸多疼你，昨天从超市买回许多食物，基本上都是你爱吃的。小笼包，儿子喜欢的。小馒头，儿子喜欢的。奶茶，儿子喜欢的，他说。一一摆在桌上，给我看。

早上的早饭，也基本上是你爸起床给你弄，变着花样满足着你的胃。不知多年后，你想起这些，会不会感动。眼下，你似乎没有感动的迹象。你有点儿“只缘身在此山中”，不识父爱真面目了。

也总是瞌睡。每晚，你都要撑到临近十二点才睡。看得出，你在试图克服瞌睡，你用冷水洗脸，你泡浓茶喝。今晚，十一点过后，你在朗读历史。你爸听到你的读书声就眉开眼笑的，他悄悄对我说，你去看看儿子，问他要不要吃苹果。

我于是拿了两只苹果，你一只，我一只，你老爸负责削。他削时，一脸的开心与幸福。

知子莫如父

12月11日　星期五　天气晴

冬天日头短，下午第一节课，提前到一点四十了。

你中午的时间严重不够，一张数学试卷做完，也就到上课时间了，根本来不及休息。有时我会强迫你休息一会儿，因为下午课多，中午若不休息好，下午课上会打瞌睡的。事实也是如此，你下午第一节课听课效率极低，你说眼皮直打架，完全的不由自主。

现在，你很少有空闲。能够放松的，也只那么一会儿，一是中午吃饭时，二是晚上放学回来时。我会陪你聊聊，聊聊班上的事，聊聊你自己，有高兴的，有不高兴的。还好，你都愿意跟我说。

你对能不能上本一，心里越来越没底了。高考形势谁也估计不了，走一步算一步吧。我想，只要你尽力，能不能考上，都不重要。重要的是，你要对得起你自己。

你和你爸的关系，解冻了。两个人话搭话的，可以说上几句了。只是你不叫他爸爸，你都好久不叫爸爸了。你爸倒无所谓，他自我解嘲地说，不叫就不叫，只要他认真学习，反正我是他爸，他是我儿子，这改变不了。

晚上，我和你爸一起去散步，路过一家商场。本没打算买什么，然等逛到服装柜台，看到一些冬裤，像你这般大的孩子穿的。你爸这件摸摸，那件看看，说，儿子能穿。儿子穿这种色样的裤子，肯定好看。

那么，买吧。两个人左挑右拣，最后是你爸敲定了一条黑色的，夹棉的，裤腿上还有个兜兜呢，设计得挺有型的。你爸说，儿子就喜欢这种的。看来，知子莫如父。

最终，买下它，很爽快地去交了钱。眼看着几百元的票子，像长了脚似的，飞到人家收银台里去了，却没有心疼的感觉。因为，那是为你买衣裳。不知将来，你会不会为我们买衣裳？买时，会不会心疼钱？这是不好比较的。父母的爱，与子女的爱，永远是不对等的。就像我们对父母，远不及父母对我们那般全心全意。这值得我们反思了。

想做文盲妈妈

12月13日　星期日　天气阴

外面雨了。很细小的雨。空气中洇着濡濡的湿。

你顶着细密的雨，下了晚自习回来，我掐着时间，把茶给你泡好了。最近你爱上普洱茶，喝点儿提神。

我跟你闲聊，聊着聊着，聊到你的学习。

你把两门选修课学不好，归结到我身上来了。

你看你看，你一点儿都不辅导我，你说。

你把作文写不好，也归结到我身上来了。

你看你看，你从小就没培养我的文学细胞，你说。

你把缺少兴趣特长，也归结到我身上来了。

你看你看，你小时怎么就不送我去学点什么呀！

小时？哎，还是别提你的小时了。那时，我也曾为你绣着锦缎未来的，我抱着你念唐诗宋词，指望你将来文采斐然。然你兴趣索然，逼急了，你反问我一句，妈妈，是不是不背唐诗宋词的小孩，就都不能活了？

好，咱改学你感兴趣的——画画去吧。你爱乱涂乱画的，不用说家里的墙上全是你的涂鸦，就连穿在身上的衣服，也被你涂满了。那些涂鸦，在我眼里，非同凡响。我找了个美术老师指导你，他后面带了一帮孩子学画画。你开始兴趣蛮大的，天天提着画笔画纸去。后来，不知怎的，没了兴致，老师布置的绘画作业，你半路上就给扔了。你说，你不喜欢画画了。我问你，那你喜欢什么呢？你倒也不玩虚的，老老实实告诉我，我喜欢玩。

好，那咱玩吧。快乐童年么！可玩也要玩出点名堂来吧，弹弹琴，听听音乐，好不好？你答应，好。于是买来电子琴。然你拨弄了没几天，就把电子琴给大卸八块了。你觉得拆卸比弹唱要有趣得多。

我不得不承认，你只是个平凡的小孩，你离神童，远了去了。对于这个结果，我倒没有多失望，因为我本来也只是个平凡的妈妈。

那么你，又怎么可以对我提出高要求呢？妈妈的妈妈，你的外婆，是个大字不识一个的农妇。她当年对妈妈的栽培，就是什么季节，种什么庄稼。她用行动告诉我，地里只有栽种了，辛勤浇灌了，才能有所收获。至于收成好与不好，全在自己劳动的多少，与他人无关。妈妈挺感激她的，因为她，我得以勤勤恳恳“耕耘”，读书，写作，一步一步，走到今天。

你知道我想说什么了吧？对，我想做文盲妈妈。你就当我是文盲妈妈好了。

吉阿婆麻辣汤

12月15日　星期二　天气阴

外面飘起了小雪，小得如米粉，若是不细看，绝对留意不到。

灯光下，却是看得分明了，那分明是一群小精灵在舞蹈。

和你爸一起路过一些小吃摊，忍不住要欢喜，这样的烟火凡尘，我怎么爱也爱不够。那煎饼我是要尝尝的；那烤香肠我是要尝尝的；还有麻辣汤，一大海碗端上来，吃得那叫一个热乎啊。且它有个好听的名字，吉阿婆。经营它的倒不是个婆婆，而是一个长得还不错的男人。我忍不住再三追问，为什么叫吉阿婆呢？

男人笑而不答。

我暗自猜想，吉是吉祥的意思。吉阿婆其人，一定是个一脸吉祥的老婆婆。这样的老婆婆做的汤，自然是好喝的。因为，她有老经验在里头。

对你爸宣布，我一星期要来吃一次。

呵呵，你妈我，就剩这点出息了！

你没看到雪，你一直关在教室里。等晚自习回来，雪已不下了。你很懊恼，你说，错过雪了。我安慰你，还有更大的雪在后头的，不急，不急。

两天前，你突然脑筋拐弯了，宣布要恶补两门选修课，政治和历史。你也意识到问题的严重性了，你说，再不补，怕是过不了关的。

你果真地补起来，去买了厚厚的辅导练习回来，一天强迫自己做一章，半小时内完成。今天晚上你很好地完成了，政治选择题只做错一题，问答题有两条答得不全，我帮你纠正了一下。

这真让我欢欣鼓舞啊。我对你许诺，有空带你去吃烤香肠，有空带你去吃麻辣汤，那个叫吉阿婆的麻辣汤。

心悦君兮君不知

12月16日　星期三　天气阴

今天，我看到一首好诗，想与我的小孩分享：

今夕何夕兮，搴舟中流。今日何日兮，得与王子同舟。蒙羞被好兮，不訾诟耻。心几烦而不绝兮，得知王子。山有木兮木有枝，心悦君兮君不知。

有人说它写的是友情。有人说它写的是爱情。而我，却联想到亲情：我与你。我与你爸。你与你爸。是不是也有这样的时候，我们中一个爱着，却不被另一个知道？一个在舟上，一个在彼岸。遥遥一水相隔。

是缘是分，我们有幸同行一段路。再亲密的关系，也有生疏的时候。你常戏称那是，代沟。只是你却不知，我们是怎样努力努力地，向你靠近。——打住，扯远了。

明天你月考，你信心满满的同时，又有些担忧，担忧这次如此努力，考出的结果，却不遂你所愿。

你的想象里，有大把的快乐：你进了年级前十名了，你得到你想望中的奖励，于是乎，你买下你心仪的鞋。你甚至说，如果期末考又是前十名，你就买两双鞋，今天穿一双，明天穿另一双，你轮换着穿。

愿望不算高，幸福却能将你的心填满。我很羡慕你有这样的愿望，且可以享受这样的愿望。

同桌严跟你打赌，在三十分钟内，你若解出他不会的一道数学难题，他给你五块钱。结果，你只用了十来分钟，就把那道难题给解出来了。你很得意。

聊起你班这个数学尖子，你说现在，你也不惧怕他了，他根本不可怕了。我问，为什么呀？你说，他在谈恋爱。谈恋爱肯定分散精力，哪里顾得上学习了？

且谈的是个成绩不好的，你追加一句。我大笑。

英语你比以前有感觉多了，今天做的选择题，你只错掉一道。只是政治还是一团糟糕，昨晚做的练习题，错了一堆儿。你态度很诚恳地说，放心吧妈妈，我会补上这个漏洞的。

第一名的滋味

12月18日　星期五　天气晴

出太阳了，灿烂透顶。虽然天气依旧寒冷，然而有太阳，人的心是暖的。

时间现在坐上火箭了，快得像闪电。你看，还没容人眨一眨眼呢，新年就快来了。

好在妈妈遗憾不多。因为每个日子，我都用心来过。我的小孩，我好希望你也能有底气说出这样的话。

中午，我们一家三口坐在阳台上晒太阳。我们周围，泊着大朵的阳光。我说，旧年里我们相爱，新年里我们还要继续相爱。

下午，我正上着班呢，突然接到邓老师的电话。我以为你又惹什么祸了，很紧张地问他，什么事？

嘿嘿，原谅老妈的神经过敏吧，你也知道的，平时老师打电话，一般都离不开告状的嘛。

这次却不是告状，而是惊喜的声音，邓老师说，你家潇潇数学考第一了！

我以为听错了。昨天数学考完回家，你很是懊恼，你说这次的第一名又泡汤了。因为你觉得试卷难，最后的两道大题目你都没做出来。

我并不在意，想你平时数学就这个样子，好不到哪里去，也差不到哪里去。谁知这次你竟出人意料了一回呢。

你的老师比我还高兴，他的嗓音都有些颤抖了，再三对我说，是真的，你家潇潇真的考了第一。

是吗，我尽量抑制住欢喜，假装淡然地说。事实上，我哪里沉得住气啊，这边电话才搁下，我立即给你爸拨了电话去。你用脚指头也能想得出，你爸的反应是什么，他差点坐上飞船上天了。他在那边忘乎所以地唱，解放区的天，是晴朗的天。

你自己呢，早就心花怒放得如同外面的大太阳了。当邓老师报完成绩，你一直忍不住要笑，怕同学看见，你把脸转过去偷偷笑。前排的女生转头问你，王潇，你这次考第一啦？你微笑以对，什么也没说。装深沉哪。心里却乐得冒泡泡了，一个劲地往外冒。你想立即跑回家告诉我听，无奈那是坐在课堂上。

盼这一天，你盼太久了，你一直想证明了给邓老师看，你是行的。你也想证明了给你们班的同学看，你是行的。这一次你的愿望终于达成了，你很是扬眉吐气。

我和你爸履行承诺，给了你200块做奖励。只是啊，妈妈天天这么优秀，谁给我奖励哪？俺等着吧，等着你给老妈发奖金的那一天。

冬天来了，春天还会远吗

12月20日　星期日　天气阴

气温一跌再跌，终于又跌至零下了。

冷。我张望了好多天的那棵杉树，再撑不住冷，叶子几乎全掉光了。树枝渐显疏朗，像幅写意画了。

还是寻着有花的地方去。譬如，一朵两朵的月季，露出一点两点红来，花朵小得可怜，可是它们还是拼尽最后的温暖，想开放，——心若在，梦就在。我笑了。

笑是生活最好的姿态。我抬头望天，望着望着，我笑起来。我望向路边的植物，望着望着，我笑起来。迎面而来的人，当他们的目光与我的目光相接的时候，我送上了我的微笑……生活是一面镜子，你若对着它哭，它也会对着你哭；你若对着它笑，它会还你一个笑。

我的小孩，我希望你的脸上，永远要多些微笑，少些愁苦。一个爱笑的人，运气不会太差。

你一回来就叫，妈妈，妈妈，我冷得发抖啊。伸了冰冻的手，让我摸。

我赶紧给你捂着。一年四季，最是冬天难过，身体被严寒威逼着，瑟缩着，四肢都无法舒展。但冬天一过，就是万木吐春呀。

我的小孩，我愿你，能顺利走过冬季，迎来生命中的又一个春天。

你说，还有168天就高考了。你说你已经没有办法应付了。对于高考，你是很紧张的。

月考所带给你的兴奋已过，你又要沉下心来，进入下一轮的学习与考试中。你也是久经沙场的人了，没有多少个回合的拼搏和冲锋陷阵，哪里能赢得最后高考的胜利呢？这也是没办法的事，你只有硬着头皮应对了。

你外公、舅舅、姨妈都来了，家里很是热闹了一阵子，他们看着你，都是一副心疼的样子，说你瘦了。孩子学习苦啊，你外公感叹。

中午你基本上玩了，挂电脑上找鞋子。这个时候，你是快乐的，不去想高考，不去想练习，你一门心思地搜寻你喜欢的鞋，不时问我，妈妈，那双漂亮吧？妈妈，这一双呢？

我看着快乐的你，真希望这样的快乐可以持续得久一些的。一生之中，有多少青春年少好过？太多的青春年少，被学业的负重剥夺了，糊里糊涂就过去了。

你告诉我，以前睡觉前，你会幻想上大学后的情景。后来一些日子睡觉时，你会幻想穿上你想望中的篮球鞋，在篮球场上打球的情景。现在，却没什么可想了。

我建议，你还是想想上大学的情景吧。

你无可奈何地说，那好吧，我就想想上大学吧。

这是一个限制想象的年代吗？你正走在你人生的“冬季”，万木凋零，处处荒凉。但我还是想用那个伟大的外国诗人的话激励一下你：冬天来了，春天还会远吗？

“动力鞋”

12月21日　星期一　天气阴

“动力鞋”是我给取的名。

你一直想要双篮球鞋，阿迪达斯的。你做梦都想。我曾很弱智地问你，阿迪达斯是什么？你上嘴唇往上一噘，弄出个相当鄙视的表情，说，悲剧啊，你连这个都不知道。

天地良心，你妈我还是好学中年人一个的。只不过我把它误以为一款咖啡或奶油蛋糕，我以为买鞋会附赠这个。

在好不容易弄懂你脑袋里的那些名牌，什么耐克，什么阿迪达斯，什么迪亚多纳之后，我开始负责帮你看鞋了。在淘宝上不停地逛东家，进西家。这个时候，你说出让我心碎的一句话，你说，你的学习动力，现在绝大部分来自这双鞋。

好，咱认了，物质的动力大于精神的，咱都是俗世中的俗男俗女。那么，我们一起为“动力鞋”奋斗吧。

口头协议早就“签”了的，不论大考小考，若你单科考年级第一，奖励二百。总分考年级第一，奖励一千。总分考年级前五名，奖励四百。总分考年级前十名，奖励二百。总而言之言而总之，你是稳赚不亏的。天底下有跟父母做生意赔本的么？！没有的。

这次你只数学考了第一，得到奖励二百块。而你想要的“动力鞋”，标价四百多呢。

你跟我们商量，问我们先借二百块。你说下次考第一时，再扣除掉。你爸一口答应，好，借。

你盯住我把“动力鞋”拍下来，这才放心了。我说，记住啊，你差我们二百块呢。你雄心百倍，拍着胸脯说，放心，等下次考试我加倍偿还！

面对复杂，保持欢喜

12月22日　星期二　天气晴

连续阴了好些天了，先是大雾，后下雨。雨细碎得，像邻家阿婆拉家常。

我还是喜欢伏在窗口望天，一片灰蒙蒙的。楼下的树木，也都光秃秃了，显得分外清冷。不远处长着的一堆低矮植物，却另一番热闹景象，一蓬蓬火红，跳跃欢腾，像盛开着的花朵。我忙忙下楼，跑过去看。哪里是花朵！全是叶子，全身通红的叶子。

我不知道那些植物的名字。这无关紧要，我喜欢，我喜欢就够了。我站在一旁，欣赏了小半天，兴致勃勃。是怀特说的吧，面对复杂，保持欢喜。我的小孩，这种欢喜的心，我希望你也能拥有，且要一生拥有。

冬至日。民间有大冬大似年的说法。我去超市买了汤圆，弄得很像过节的样子了。

其实，节日之于我，早已清清淡淡的了，哪一天不是过日子呢！但因有个你在，我每每都要让它很节日起来，仪式感满满的。只为要在你的记忆里，留下过日子的隆重。

人活着，是要活出点滋味来的。千百年来的一些民风民俗，我很想你能被其浸染，让它们成为你血液里的记忆和习惯。这样，等将来你过日子了，才会有对生活郑重的情分。

给你下汤圆吃。芝麻汤圆，又香又软。我喜欢这种喷香的味道，亦喜欢它的喻义，甜甜蜜蜜，团团圆圆。我但愿你与我们，能永远甜甜蜜蜜，团团圆圆。事实上，这是奢望。你能伴我们多久？我们又能伴你多久？这世上，谁不是过客？再亲密的关系，也只能相伴一段路程。我只愿，这一段路程，我们一直相亲相爱，认认真真走好，就是最大的幸福了。

晚自习归来，你告诉我，你今天的学习很不在状态，你突然不想学了。一个晚上，你一直趴在桌上，什么书也看不进去。

你说，今晚你想睡觉，实在不想做任何事。

那么，好，咱歇着吧。人生有高潮，必然也有低谷。只是，我的小孩，你待在低谷的时间不能太长哦，那里面太过幽暗，你要努力攀爬出来才是。

我去拜托了你的任课老师，让他们多留意你，平衡一下你各门学科的学习状态。只不知你能不能配合呀。一想到你要学那么多门课，我的一个头就有两个大了。

无奈何，也只有硬着头皮往下走。虽知前路上还有不少的艰难险阻在等着，但，我们总得往下走的，是不是？

我的小孩，妈妈还是那句话，这世上，努力了未必能得到什么，不努力了肯定得不到。我只在乎行走的那个过程，在那个过程中，你只要尽心尽力了，就很好了。

凡尘的善良

12月24日　星期四　天气晴

网购的“动力鞋”到家了，你兴奋得不得了，饭都顾不上吃，先穿上鞋，在地板上腾跳了几下。你说，太好了，这鞋的弹跳力。又貌似很专业地左查右看，下了结论，是正品啊。

你爸看着兴奋的你，不忘他的说教，鞋也帮你买了，这下你该好好学习了吧？争取考第一。

你一听他说教，就不耐烦。神情里是一千个一万个厌倦。好在有我在一旁打岔，把话题引到别的上面去，要不然，你们不定又会吵起来。你现在，像一只浑身长满刺的小刺猬，碰不得。

你的学习状态还没恢复，心思不在这上头，心思不知跑哪去了。晚上给你讲解你做错的政治试题，你听得心不在焉，才听一会儿，你就说瞌睡了。布置你做的作文，都三四天了，你一个字也没写。你这样累积下来，何时是了？我都替你心慌着哪！

学校有个住宿生，非常穷困，连吃饭的钱都没有。每到饭时，他都是等其他同学吃完才去食堂，捡大家吃剩的吃。你听说了这事，回来在我耳边喋喋不休，你说，他真可怜啊。又问我，妈妈，我不穿的衣服可以送给他吗？

当然可以啊，我相当支持。把你穿得尚好的棉衣，找了两件出来。把你穿得尚好的运动鞋，找了一双出来。有件棉衣，是你颇喜欢穿的，但你没有心疼，你说，给他吧。

事后，我对那孩子做了调查。他家住偏远乡村，早年父母离异，跟了年迈的爷爷生活。爷爷多病，能供他上学已属十分不易，根本没有多余的钱再管他吃饭。他们班同学的做法令我感动不已，大家都不动声色帮这个孩子，每天都有同学去买面包，假装吃不下，喊他帮忙吃。有几个女生一到饭时，就邀请他一起吃。理由是，大家一起吃才更有滋味。他现在，吃饭基本上有保障了。

凡尘的善良，原就是这样一点一滴汇集起来的，最终汇成河，汇成江，汇成洋，滋润着这个世界。我的小孩，想到你也是其中的一滴，我真的很高兴。

你准备好了吗

12月26日　星期六　天气晴

你上语文课时竟睡着了。

你把这当作好玩的事，说给我听。你说，上语文课睡觉是极正常的啊，我们班同学都在语文课上睡觉。

我惊讶地瞪大眼，我说，怎么可以？怎么可以这么不尊重老师？假如我是你们的语文老师，一定会被你们气死。

缠着你，逼你答应我，下次语文课上，你坚决不睡觉。直到你答应我了，我才作罢。

中午时间紧，等你做完作业，休息的时间就没了。下午的课，你基本上都在跟瞌睡做斗争。想去跟你们老师说说，中午就别布置作业了，又怕搞了特殊。人家的孩子能做的，你也能做，对不？

现在应付老师布置的作业，你就应付得手忙脚乱的了，买回的那些辅导练习册，基本都在睡大觉。我翻着那些练习册，每一本还都簇新簇新的。

不想跟你谈学习，一涉及这个话题，我们都不痛快。这几天，你完全松懈下来，整天一副睡眼惺忪的样子，全然没了斗志。想想你好不容易爬上年级前二十名了，下次考试，你保不定就摔下来。因为，你难得持久，你太容易飘了。

时间就这样，小鸟似的飞过去了，新的一年就要来了。我的小孩，你拿什么来迎接新年？有些事，说起来遥远，其实，眼睛一眨也就到了跟前。你要去念大学。你要出门找工作。你遇到心仪的女子，想要跟她牵手过一辈子——每一步，都不容易做到。你准备好了吗？

也总是和你爸吵嘴，你爸说一句，你起码回十句，不管他说得有理没理，你反正是不耐烦听。可怜你爸，在被你顶撞了之后，一个人躲到一边生闷气。完了还得打起精神，为你奔东走西，一颗心地惦着你：饭吃没吃饱？身上穿得够不够暖？不知道有一天，当你做了父亲时，能不能理解一颗做父亲的心。

人最可贵的品质，是知恩惜恩。父母之爱，是天大的恩情，你要懂得珍惜。换一个人，谁能容忍你如此？

驿动的青春

12月28日　星期一　天气晴

之一，某小孩嚷着要买一只茶杯。

某小孩说，班上的同学都有，就我没有。

我和你爸坚决不同意，别人有的，我们未必要有。且家里的茶杯那叫一个多，带上哪只不能，非得买只什么学生杯？我们不同意的事，某小孩虽嘟囔了两下，倒也接受了，再没提要杯子的事。

谁知，仅仅隔了一天的时间，我见某小孩手上赫然捧着一只学生杯，问某小孩，哪来的？某小孩装着淡然地说，我买的，用的是我的零花钱。

人家要价二十五，我还价还到二十一，某小孩补充。有卖弄自己有经济头脑之嫌。

——好嘛，都知道阳奉阴违了嘛。

之二，某小孩固执地要坐在阳台的大太阳下做作业。某小孩说，暖和。

好，我让步，保护视力是你自己的事。

然到底不放心你，暖融融的太阳，催人入梦啊！每隔一会儿，我要叫一下，潇潇，别睡着了，要睡上床睡去。你答应，我没有睡着啊。再过一会儿，我又叫你，没听到你回答，我跑过去看，你已睡得呼噜噜。推醒你，你睁着睡得通红的眼睛看我，嘴里嚷，我没睡着啊。

之三，某小孩有爱带零食的习惯。每次上学前，口袋里都塞满了。我疑惑，在学校，一个大男生，是怎么把零食放到嘴里的？你嘴一张，丢一块饼干到嘴里，示范了给我看，喏，就是这样放的。且还追加一句，我们班同学，都是这样把零食放到嘴里的。

之四，某小孩喜欢上别班一个女生。据说是在送作业本去办公室的路上，她回眸一笑，某小孩觉得她的笑清纯极了。淡淡的情愫。偶尔的，某小孩会想一想她。

我问某小孩，不是说高三不谈恋爱的么？

某小孩答，喜欢不等于恋，且我也没谈啊。

妈，这很正常，某小孩这样对我说。

我大笑。我说，是的，很正常，青春总是不安的，青春总是驿动的。

浮 躁

12月29日　星期二　天气晴

我是不是错了？现在，此刻，我强烈怀疑我自己，教育方式肯定出问题了。

对你，我一直是宽容的，你犯些小错，只要不是原则性的错误，我都一笑了之。以至有一天你回来说，你的同学都羡慕你有这样的妈妈，对你犯的错从不惩罚。在我看来，人不犯错是不会长大的，只要同样的错不要犯第二次就行了。

可是，你现在居然把犯错当作荣耀了。今天，上完晚自习回来，你一屁股坐到我床上，笑嘻嘻说，累死了，被罚站了一晚上。

我大吃一惊，被罚站还能笑得出来？

错是这样犯下的：上课铃响了，你和几个同学，还在教室后面踢球（我真是错了，这球还是我花高价给你买来的），被邓老师看见，没收了你的球，且罚你们站了一晚上。

我问，你不知道自己做错了吗？

你满不在乎，错什么错？不就踢了两个球吗！

那你一晚上都没做事情，时间就这样白白流走了，你不心疼？

就当我休息呗，你说。

……

结果是，我们谈不拢，你甩手去了你的房间。

自从上次你很偶然地考好一次，你就飘到天上去了，人浮躁得不行。我们一跟你说到学习，你的音量就提高了。底气足啊！

可是我的小孩，你的底气到底是什么？是你自以为是的数学天赋？还是我们为你提供的优越条件？你这样的底气还能维持多久？你已十七岁了，你爸像你这般大时，这样的冬天，要跟着大人们下海，去海里捕鱼。双腿光光的浸在刺骨的海水里，待上来时，腿上的皮肤一点一点往外渗血珠。后来，他说服你爷爷，一个人走出偏僻的小渔村，出来复读。他每天只睡五个小时，拼命补上落下的课程，最后考上大学，改写了他的人生。

跟你说起这些往事，你一脸的不耐烦听，你说，时代不同了。

是的，时代不同了。可是，不管处在哪个时代，人生的路，都必须靠自己去走啊！

我给了两条路你选：

一、去学校跟老师道歉。

二、留在家里自己反思，学暂且不要去上了。

破茧成蝶

12月30日　星期三　天气晴

是你先看到那篇叫《破茧成蝶》的文章的。你喘着气，无比激动地向我推荐，妈妈，你快看看这篇文章，太震撼了，你一定会感动的。

那是一个北大的女学生，在回顾高中求学历程时写下的。她曾在人生的十字路口迷失得不知所踪，高一一年的时间，她全部用来荒废与堕落了，——这跟你十分十分地相像。

觉醒是在高二分了文理科后，她选了文科。当时的情形是，她所在的中学的文科班，本科上线的，只有三人，且三人全是复读生。可以想见，那样的文科班，有多烂。她觉得自己不能再吊儿郎当地混下去了，于是乎，开始努力，近乎自虐般地学习。第一次月考，她考了年级第十二名。到期中联考时，她一跃成为全市第一。从此，她稳坐第一的宝座。所有的付出，只为一个信念：上北大。每当她坚持不下去的时候，她就对自己说，忍一下，再忍一下。她用一句话来激励自己：意志的力量，决定成败的力量。最终，她创造了一个奇迹，成为那所中学走出的第一个北大生。

她的经历，生动地阐释了一个真理：只有坚持不懈，刻苦努力，积蓄力量，才能冲破束缚在自己身上的茧子，化蛹成蝶。

你因这篇文章而热血沸腾。你把它从杂志上撕下来，随时带在身边，当你想懈怠时，你就拿出来看上一遍。你在书的扉页上，写下这样的话：Nothing is impossible（没有什么是不可能的）。你一改往日的散漫，要求我们早上六点准时叫醒你。你把那堆躺着在睡大觉的课外辅导练习，挑拣出来，掸去上面的尘，拉开大干一场的架势。

你把我们的热血，也搞得沸腾起来。我兴兴地跑进厨房，给你做糯米饼吃。这是你喜欢吃的一种饼，上面撒上葱花和蒜花，香且酥软。我把我的好心情，也揉进饼子里去了。

窗外有月，又大又圆。冬天的月亮，很纯粹。我抬头望月，默默微笑，眼角湿润。我亲爱的小孩啊，你会不会也破茧而出，从一只毛毛虫，变成展翅的蝴蝶？

一路的花，自会为你开放

12月31日　星期四　天气晴

阳光飘落，有鸟的影子，从沙发上空掠过。鸟在窗外，我在窗内，阳光抚摸着它的羽毛、我的脸。这是旧年里的最后一天了，过了这一天，新年就来了。我的小孩，你十八岁了。

你爸帮你晒被子，晒床垫子，他是恨不得帮你把整张床，都捧到太阳下晒的。他说，晒晒暖和，儿子晚上睡觉就不冷了。

冷？你哪里冷。睡觉都有电热毯的，每次在你临睡前，我，或者你爸，都先去帮你加热好了。无微不至哪，我都感动于我们对你的照顾了。强烈羡慕一下你，你怎么会有这么好的爸爸和妈妈呢！

你去洗了一个澡，你说要干干净净过新年。这个干干净净说得多好，旧年的尘埃，我们一粒不带，新年里，我们都是崭新的人。

你继续被那篇《破茧成蝶》的文章激励着，你一遍一遍看，看得纸都有些破损了。你还复印了几份给你的同学，你说，要进步大家一起进步。我问他们读后的感觉如何。你说，感动呗。但随即又失望地说，他们的改变不大，还是贪玩。

你不贪玩了，你埋头在做一些练习。一道很复杂的数学题，你开始不会，后来，居然解出来了。你很有成就感地拿给我看。我看着纸上密密的数字与符号，头都晕了。真不简单，你的小脑袋里，居然装着这些，居然把这些搞懂了。

我和你爸，在阳台上晒太阳。我们不时微笑着对望一眼，不说话。心意却是相通的，我们的宝贝知道用功了，多么好。

我想起我的十八岁。那时，我在乡下一所中学读书，窗前几棵泡桐树，我常盯着那些泡桐树出神。春天，它们开一树紫风铃一般的花。夏天，它们撑一树巴掌大的叶。我很想变成树上的一朵花，或一片叶子，任由风吹雨打去。乡下孩子，家境贫寒，受尽别人冷眼，出路在哪里，是很茫然的事。青春的疼痛，在骨头里噼啪作响。

也只有埋头苦读，那是改变我命运的唯一途径。半夜三更，我爬起来背英语，背历史，整幢教学楼，寂静着，只有我的一盏煤油灯，像暗夜里的一点萤火，亮着。等我走过了那一段灰暗，回过头去，我对过往岁月，充满由衷感激。我的小孩，你要记住，能够拯救你的，永远不会是上帝，而是你自己。

喜欢一句话：你只管往前走，一路的花，自会为你开放。这句话，当作妈妈送给你的新年礼物吧。

我亲爱的小孩，新年快乐！

开
芝 麻
门

找到一把前行的桨

寒山与拾得两位大师，一次论道，寒山问拾得，世人谤我、欺我、辱我、笑我、轻我、贱我、恶我、骗我，该如何处之乎？

拾得微笑应答，只需忍他、让他、由他、避他、耐他、敬他、不要理他，再待几年，你且看他。

这是一种被世人称道且极为推崇的人生态度，虽历尽千年，仍熠熠生辉。只是，滚滚红尘之中，我们要做到这样的淡定，能从容地面对潮起潮落，花开花谢，云卷云舒，不是一件容易的事。对于成长中的孩子来说，尤其是。

高三，一日紧张似一日。紧锣密鼓的各项测试，把高考之路渲染得风沙漫漫。日历撕去一页，再一页，倒计时了。其实，早就倒计时了。孩子的神经，已变得异常脆弱。外界一点点刺激，都会让他（她）情绪失衡。他（她）很在意别人对他（她）的言行，像只敏感的小猫。说他（她）好，他（她）会快乐得忘乎所以。说他（她）不好，他（她）会愤怒不已寝食难安。一些时候，他（她）看不清自己，取得一点小进步，就飘飘然，自信心极度膨胀，成自负。而因一次小退步，他（她）又变得沮丧失望，信心消失，自卑自轻。总之，有一段日子，他（她）因过度紧张，而变得心神不宁，心浮气躁。

这个时候，一旁的父母，千万不要跟着后面闹情绪，要多站在孩子的角度想想，给予他（她）足够的理解。作为高考的主角，他们的内心，比谁都焦急，十多年的寒窗苦读，他们也不想让它付之东流，亦想有个好的结果。只是他们多半易冲动，对待学习，往往凭热情，东一榔头西一棒的，缺乏针对性，反而让自己陷入乱麻之中，无法理清。我们需要做的，不是指责，不是埋怨，不是生气，而是指点迷津，给他们找到一把前行的桨。那把桨上，一面写着理智，一面写着坚持。

一、适当地给他（她）泼点冷水。

是的，我们一直倡导鼓励与表扬。但有时孩子头脑过热，过分自负，飘飘然不知东西，这个时候，需要你给他（她）泼点冷水，让他（她）发热的大脑，冷却下来。只有他（她）能够冷静地面对自己的真实状况，才能走出迷津。

二、指导孩子有条理有步骤地安排好自己的学习。

当一个阶段过去，孩子的情绪，总会出现一些反复。这个时候，作为孩子父母的你，很有必要抽出时间，陪孩子一起，总结一下前一阶段的学习情况，对孩子的各学科，做全面分析。分析的依据，一是孩子平时的作业与练习；二是孩子平时测试的试卷。帮他（她）找出自身的优势与劣势。对于优势学科，优势章节，要发扬光大，争取好上更好。退一步，最起码也要做到，能保持现有水平。对于薄弱学科，薄弱章节，一定要集中精力主攻，做到有的放矢。

三、给孩子找一个好的对手。

对手是个标尺，可以用来时时衡量自己。这个对手，最好是孩子的同班同学。孩子亦可以把自己当作对手。人生是个不断进取的过程，后一个阶段的自己，一定要超过前一个阶段的自己。不断“打败”对手，从来是成功的不二法则。

四、继续找一些励志方面的故事给孩子看。

永远不要忽视精神的力量，它是无穷的，又是巨大的。它能催人奋进，一路向前。当然，在挑选励志方面的故事时，最好是挑孩子的同龄人的，那些普通人的，让孩子觉得不遥远，更能引起他们的共鸣。他们会暗暗以故事中的主人公做榜样，增添无限勇气，使他们在脆弱的时候，有所支撑，能够坚持，坚持，再坚持。

绿树成荫，繁花遍地，追梦的
少年只管策马扬鞭，一路飞奔。

第五辑

PART V

多梦的季节

不亦幸福哉

2010年1月1日　星期五　天气晴

窗外，很多的羽毛在飞，阳光的，草木的，人的。我这样想象，人也是长了羽毛的。楼下路上行走的每个人身上，都长着羽毛。

你爸的电脑里，一直播放着凤凰传奇的《月亮之上》。这歌的节奏真叫明快，听得人的心生出翅膀来，想飞。天空那么辽阔，可以飞到更高更远的地方。

这是新年了。北京普降大雪，气温跌到零下十几度。我们这里，却阳光灿烂得不行。一家人放假在家，过得异常充实，不去挤热闹的商场，单单伏在阳台上，看楼下喜洋洋走过的人，也觉得快乐的。何况，是沐浴在阳光里？

我在整理删改一些文章，量大而繁重。一一抚摸我昔日的文字，是与故人重逢啊，那么多的惊喜与感动，它让我的岁月如此丰满。凡尘俗世，我只是这样一粒，认真行走的尘。

你呢，我的小孩，你也是一粒认真行走的尘么？

你竭力推荐你爸看那篇《破茧成蝶》。你爸是个感情丰沛得不得了的人，看后流泪了。你还兀自不停追问，感人吧感人吧？你爸从此有了说服你的“法宝”，他三句话不离文中那个女孩的苦行僧生活。对照某小孩，哎呀呀，差距太大啦。

你爸说，儿子，你就争取跑到年级前十名吧。

某小孩不屑，前十名？在这所普通中学，前十名跟一百名有什么区别？我要做第一名！

上帝做证，那可是噼啪作响，如雷贯耳哪！我被惊得一愣一愣的，赶紧拿扫帚扫地，帮某小孩清洁环境。又把桌子移到最佳位置，把客厅整得又宽敞又干净，以便某小孩埋头苦读。你爸更是激动得手足无措，他忙着拿拖把拖地，嘴里只剩下这样的话，好，儿子，好，好，我相信你。

轮到我不屑了，某小孩不过随口一句狂言，一个个犯得着这么激动嘛。老妈先冷静下来，回房自去敲她的文字了。却在一会儿之后伸出头来提议，今晚咱们一起出去吃吧？得到热烈响应。

于是，一家人去了一家火锅店。一客才29块钱，实在便宜啊。菜丰富得超现实，我们一边吃着一边替老板担忧，这样这样，岂不要亏死？某小孩大吃特吃，展示了他能吃的一面，让我大开眼界。

饭后，我和你爸逛街去了，顺便采买所需物品。某小孩自行回家，温习功课。新年的一天，以愉快开始，以愉快结束。不亦幸福哉！

乐晕了的那个人

1月2日　星期六　天气晴

太阳真是好啊，好得让人不感激它都不行，那么光芒四射，灿烂如花。我一边敲字，一边扭头看窗外，我实在有要扑过去的冲动。

一只小麻雀飞过来，落在窗台上，把窗台当它的游乐场了。它在上面左右巡视，跳跳蹦蹦。这是活的生命，活的！

桌上的富贵竹，总是一副憨厚的模样。它跟着我们，从旧年到新年。一日望三回哪。何止一日望三回？我一抬头，就望见它，碧绿的一盆，在我眼里，溅出生命的欢喜来。

新年里，我重新铺开一页空白，我在上面写的是：平安，快乐，善良，感恩。我的小孩，你的一页空白上，写的只有两个字：努力。

你去理发。人多，等。你心里等得焦急，很后悔没带本书去背。我哑然失笑，我的宝贝啥时这么用起功来？

习题摊了一桌子，你在上面唰唰唰，只觉得时间不够用。

乐晕了的是那个人，他简直不知做什么好了，无事也要独自笑半天。几个文友过来，我出去应酬了一会儿，回来，他俯在我耳边悄语，知道吗，你走了后，儿子一直在用功，头都没有抬一下。

我赶紧让你休息一会儿。你跟我黏糊，抱抱，拍拍，亲亲。我们习惯了如此的亲密。你告状，说那个人老跟你说中国人民大学中国人民大学的，说得你压抑极了。

哦，补充说明一个，你近期的志向改变了，由中国人民公安大学，改成中国人民大学了。且在墙上很是郑重地贴上了此目标。我坚决制止了那个人的行为，不许他再在你面前人民大学人民大学的，这会给人压力的嘛，压力太大了不是动力是沉重。你得理解那个人嘛，他是个有啥事儿都兜不住的人，还不是因为看到你的转变，他给乐得晕乎了嘛。

那个人嘿嘿笑着答应了，转身讨好地去给你泡奶茶喝。

坚忍，是人类最伟大的品质

1月4日　星期一　天气晴

昨天晚上，已凌晨一点了，你仍没有一点睡意。催你睡，你说，将任务完成了再睡。

任务是什么呢？一张小纸片上，你列着当天的计划：

语文背诵诗歌《将进酒》；政治做经济学的选择题20条；历史做两道分析题；英语背诵第一单元的单词；数学做两份试卷。

已完成的，你在纸片上把它划去。还剩一份数学试卷，你快做好了。

我和你爸就都不睡，在另一间房里，静静守着你。

天上的星星，都聚齐了吧？我推开窗户，看天。夜露很重，天气严寒，然我心里却有一朵花，在哗啦哗啦开。我的小孩，他终于知道认真了。

你爸更是激动得什么似的，他在一页纸上记下这样的话：我终于，等到了，盼到了，看到了，儿子认真的这一天。

清晨，你爸六点准时起床。那时的窗外，仍是漆黑一团。他在你房间门口犹疑了一会儿，轻轻推开你的门，打开你房间的灯，叫了一声，潇潇。你本能的，立即将头从被子里探出来，睁开眼睛看一下，又闭上，——你太累了。他没忍心继续叫你，转身去给你准备早饭。待他转身，你已穿好衣服，走了出来。

你捧了书在客厅读，声音美妙。清晨的空气里，浮动着你甜蜜的气息。

我们唯剩感叹：咱儿子，终于醒悟了，知道学习了！

后来，在客厅的墙上，我们看到你新贴上的小纸片，纸片上写着这样一句话：

坚忍，是人类最伟大的品质！

那行瘦瘦的字，我们看了又看，看得眼角有潮潮的东西溢出来。

你爸忍不住诗情大发，说，这世界多好，咱儿子多好。

一颗柔软的心

1月5日　星期二　天气晴

先说说天气吧。今天应该是我们小城，入冬以来最寒冷的一天，气温都在零下六七度了。

路边，一朵未开好的月季，在枝头瑟缩着。我摘下它，夹我书本里。或许，在我书本里，它会温暖起来。

你直嚷冷，你说，冷死了。我看着你，不停地笑，我想到了那朵月季，我有把你夹我书本里的冲动。

你问，笑什么？我说，不告诉你。

——我们时常这么玩闹着。我以为，和睦亲切的环境，更能使人身心愉悦。我的小孩，我一直努力给你营造这样的环境。

你的学习很自觉很自觉了，自觉得我都不好意思了。我和你爸躲在门后，偷偷看着学习的你，心里在滋啦滋啦开着花。上帝开眼了！我的小孩，如此用功。

中午你小睡了一会儿，但没睡着。你心思太重，惦记着要起床呢。这让我们担忧，跟你讲，要悠着来，一口吃成个胖子，是不现实的，也切不可一日曝十日寒。你说，还有那么多任务未完成。

任务张贴在墙上。每天早上，你在墙上贴上一张小纸片，上面列出你当天要完成的任务。我伏在那面墙跟前，一一看那些瘦长的小字。蓝底子的小纸片，碧空蓝天，那些小字，多像一只只奋飞的小鸟啊!

晚上，你上完自习回来，被一只小白猫“跟踪”了。那小家伙像恋上你了，从学校，一路跟着你，一直跟到我们楼底下。你上楼的脚步，便犹豫了再犹豫。你弯下腰抚它，它不动，任你抚。你回来告诉我，你说它肯定饿坏了。

我们一起去楼下看。真是一只小可爱啊，看见我们，马上跑过来，绕着我们的脚跟叫。我想捉它，它却跳开去，站在不远处，缠绵地叫。等我们转身要走，那叫声，变得凄厉，像失了庇护的孩子，恐惧被遗弃。

你心有不忍，问我，妈妈，怎么办?

先喂它点吃的吧，我说。

我们一起给小猫整理食物。冰箱内还有吃剩的鱼，我拌了一点饭，让你送到楼下去。你去了很久。原来，你看着小猫吃完，才放了心。

在楼道口，我给小猫临时搭了一个小窝，你大为高兴，这下好了，小猫有个家了。

我的小孩，你让我望见一颗柔软的心。我为这颗心，欣慰，感动。

小摩擦

1月7日　星期四　天气晴

某小孩情绪激动，傍晚放学归来，脸是绯红的。

我不追问，只眼巴巴看着你，等你情绪平息了，你自会告诉我发生什么事了。

原来，竟是和人干了一架。

我怎能不惊愕！我那文质彬彬的小孩，我那温文尔雅的小孩，居然跟人挥起了拳头？

你说，实在是看不下去了！

你们班后排的几个男生，明知自己考学无望，便破罐子破摔，在老师的课上，以破坏纪律为荣。今日政治老师上课，他们在教室后面敲饮料瓶玩，肆无忌惮地，致使课上不下去，气跑了政治老师。

这时，你和你的同桌严站出来，揪出后排捣乱的男生，拳头挥过去了。于是你们打成一团，你的眼镜被打飞。围观者众，直至惊动了学校教导处。

架打完，你对事情本身的起因倒是不关注了，满脑子想的都是当时的场景，女生们是怎么惊叫的。事后，她们都对你竖大拇指，说，真看不出，王潇你还会打架。

你有些懊恼地说，这一架我没打好，没发挥出应有的水平。

我静静听你说完，我问，事情解决了？

你答，解决了。

是你的拳头解决的？

不是，邓老师解决的，他让破坏纪律的那几个同学，向政治老师公开道歉了。

那么，你打了一架，得到什么了？

你无语。

好，我们来分析一下，假设是你处于上风，你的同学肯定得受伤。假设是你处于下风，你肯定得受伤。或者，两败俱伤。你怎么选择？

你无语。

我的小孩，生活不是真空，有点小摩小擦都是正常的。这个时候，不是冲动地挥拳头，而是要冷静对待，寻求解决的最佳途径。实在无法解决的，可以先避让一下。俗话说，退一步海阔天空。那不是懦弱，那是智慧。

何况，你是跟你的同学挥拳头的。百年修得同船渡，你们能坐在同一个屋檐下读书学习，又是修了多少年的缘分？

某小孩沉默半晌，点了点头，答应我，妈妈，下次我不打架了。

冬天的太阳，是长着小绒毛的

1月9日　星期六　天气晴

冬天的太阳，是长着小绒毛的，柔软得很。在这样的阳光下走着，我的心，像极了那些小绒毛。

黄昏的街头，我一步一步走着去买菜。城郊的老农们，这时候，都提着自家种的菜，进城来卖。他们蹲在路边，身前堆着一捧一捧的青绿，我每望见，心里都跳出绿汪汪的水花来。我买上一把青菜，一把葱，给我的小孩做扬州炒饭吃。

你不知在哪儿看到一篇反映美国生活的文章，感慨良久。你一边吃着炒饭，一边跟我讨论美国跟中国的区别。你说不喜欢美国一切以经济为准，人情淡漠，哪怕亲人之间。你说还是中国好，中国人感情至上，中国的父母与子女，有爱。子女救父母，不会基于承诺，而是基于本能。

我于是很俗很俗地问了那个滥俗的问题：假如妈妈掉水里了，你会救吗？

你说肯定会的。不过，你随即话锋一转，说，但我不会游泳啊。

呵呵，傻孩子，如果真出现那种情况，妈妈会舍命先保你的。

但你，还是在这个问题上纠结了许久。突然一拍脑袋说，等我毕业了，我就去学游泳。

你耳朵后不知怎么突然生了两个小疙瘩，像瘤，是你爸先发现的。他的大惊失色吓我一跳，我赶紧去查看，看得我也大惊失色。可不是么，两个小小的肉瘤，有点红肿。

立即上网查阅，还好，这种现象比较多，有的可自行消失。但你爸还是决定今天送你去医院看一下，看一下才放心的。

你的学习状态恢复了。据你说，今天一路回家，你手上都拿着一本书在背。搞得一路的家长都朝你看，眼神里是掩不住的羡慕啊，谁家孩子这么用功？

你形容这些给我听时，你很小得意。我笑了，眼前是无数阳光的小绒毛在飞。

满地找牙

1月10日　星期日　天气阴

我给家里的花花草草们喂足水。花只剩一盆兰花，还有两盆元旦那天买的水仙。草是吊兰，还有一盆我叫不出名的草，像姜又像竹的。

我愿它们是葱茏的，像我的小孩一样。

你去补课，补英语。是你自己强烈要求的。你觉得英语再不补，最后肯定会考得一塌糊涂。

补课的老师是你爸的高中同学，在另一所中学教高三英语，是市里出名的教学能手。只是他离我们距离较远，相隔百十里。

但你爸还是送你去了。他说，只要儿子肯学习，再苦再累，他也不怕。

我在家，等你们回来。电话里问你，晚上想吃什么？我说我要忙一桌的菜犒劳你。

你问，为什么呢？

我说，因为我的小孩知道用功了。

心头忽然冒出一句禅诗：

菩提本无树，明镜亦非台，本来无一物，何处惹尘埃。

佛家追求心静若水四大皆空。我以为这不好，人生有痛有乐才叫人生。譬如哭，就来它个泪飞如雨。笑，就来它个灿若樱花。这是人生本应有的色彩。

我的小孩，你带给我的悲喜交加，就是全部的人生啊。

回来。问你补课的感受，你用了一个成语来形容：醍醐灌顶。

这真让我们欣慰。我和你爸私底下商量，下次去，一定带点礼物给那个王老师，尽管他是你爸的同学。

你重拾学习英语的信心。你说以后每个星期日都去补一天，照这样下去，你的英语考个高分是没问题的。

这真是鼓舞人！我和你爸充满崇拜地听你侃侃而谈，不时地附和着点头，点头，再点头。你谈到兴奋处，语出惊人，你说，我感觉北大比较适合我。

天，北大啊！我赶紧满地寻找。我的小孩，知道妈妈在找什么吗？那是在找牙啊！妈妈的牙，乐得全掉了！

多梦的季节

1月12日　星期二　天气晴

今年的春节来得晚，冬天便显得很漫长。冷，这是当下说得最多的一个字。冷啊，——门推开，是挟裹而进的寒气。这个时候，最能体会，有一个遮身蔽体的屋檐是多么值得感恩。

大街上人气旺得很，年关近了嘛。虽说春节还离得老远，但储备工作，是要早早做的。我看到不少人家已灌好香肠，挂在檐下风着。卖红枣的，推着拖车，满大街叫卖。拖车内，一格放红枣，一格放柿饼，很惹看。我看到柿饼，会想起我故去的奶奶，她是爱吃柿饼的。她说，柿饼是个好东西啊。

我买一斤，用开水洗了一只，给我的小孩吃。我的小孩不爱吃。我尝一口，甜，甜得发腻。我想起奶奶的样子，肤白面柔，一双眼睛慈善有光。她不洗柿饼，她说那是糖霜，洗掉就不好吃了。我到底知道了，一些物上，是附着了一些记忆的，物在，它便在。这世上，哪里有真正的消亡呢？消亡只是相对的一个词。

我的小孩不想这些，你还在多梦的季节。你现在的梦想是北大了。绿树成荫，繁花遍地，追梦的少年只管策马扬鞭，一路飞奔。

放学归来，你一迭声地唤妈妈，一脸神秘地说，今天考数学了。

我和你爸，四只眼睛齐齐盯着你，期待着你下面的话。要知道，俺心理素质已被你历练得相当好了，你这波浪起伏的！

你说，大家都说试卷难，你也觉得试卷难，——话说到这儿，你有意顿住了。我好像听到你老爸的心"咯噔"了一下，他紧张地问，这么说，你又考得不好？

我们的心思，你一清二楚着的。你看看我，看看你爸。再看看我，看看你爸。来来回回这么好几回，然后笑了。

你说，哎呀，从来没有过的顺啊，所有题目，唰唰唰，一路顺通地往下做。

四只紧张地大瞪着你的眼，瞬间眯成了一条缝。你意气风发地说，我觉得，我学数学还是蛮有天赋的。

我们唯剩跟着拼命点头的份。

你像只鼓足气的球，弹性十足啊。饭桌上，你滔滔不绝谈你的学习，你分析了你的强项和弱项，句句在理。你说，做，做死它，绝对是学习数学的不二法则！末了，你又来一句，北大，也不是不可能的。我们倾听，无比虔诚地倾听。

我的小孩，仿佛在一瞬间懂事了，你变得落落大方。你变得朝气蓬勃。你变得自信十足。

感谢天！感谢地！感谢生命！感谢这个多梦的季节！

小不忍乱大学

1月14日　星期四　天气晴

天冷。结冰了。

你回来说，学校厕所的地上，都是冰，走起来很滑。我说你走路一定要注意呀，不要摔倒了。你抬抬脚，给我看你的鞋，你说名牌就是好，不打滑。

有这么神？老布鞋可是一点儿也不打滑哪！

你嘴角往上翘了翘，做出不屑的样子。

学英语的热情很高涨，天天在网上向远在百十里外的王老师问问题。然英语单词还是背不住。挺奇怪的是，你记不住英语相对应的中文。英语短语也记不住，每天都在背，却收效甚微。

我只能安慰你，这是因为没入门，一旦入门了，你想不记住也不行。不能放弃，还必须拼命记，越是记不住，越是要记。

你点点头，说，知道。

现在在你们班上，你是学习最认真的一个。傍晚放学，你手里抓一本英语书，边走边背。许多来学校接孩子的家长，都向你行注目礼了。

每天中午你都睡不着，满脑子都晃着英语单词。你说压力太大了。

我想，是不是过一段时期会好些？其实，压力不要这么大，弦一下子绷紧了，会断的。所以，你现在要做的是，一点一点加压，而不是一下子加压。

瞌睡。今晚实在撑不住了，你说，妈妈，真瞌睡啊。我安排你去睡，你眼睛半闭着，任由我把你往被窝里塞，嘴里还在说着，不能睡啊，我今天的任务还没完成啊。

墙上新贴了小纸片，今天你在上面写的是这样的话："小不忍乱大学”，“学为分数者死，子为大学者生”。

我和你爸，头挨着头地看，一边心疼，一边欢喜。尤其你爸，他脸上的笑是裹不住的，不断地往外冒啊。我问，傻笑什么呢？他不回答，只是一个劲地笑。

天降大任于斯人也

1月16日　星期六　天气晴

温度回升了，阳光白花花的，松软。想象着挖上一口吃，该是绵软甘甜的吧，像奶油搞得足足的冰激凌。

我的小孩又在墙上新贴了一张纸片，上面写着“但愿行长久，千里赴大学”。热情现在对于你来说，像烧沸的一锅水，噗噗噗地，只管一个劲地往外冒着水泡泡。我一面欣慰，一面担忧，这样的热情，能持续多久？况且，你做事一贯的三分钟热度，恒心不足，冲动有余。热情来了，像涨潮的水。热情去了，兵败山倒。

我想教会你，细水长流。

你说，不，来不及了，来不及细水长流了。

掐指一算，离高考不过百十多天了，你恨不得一步登到山顶去。

很累吧？早晨你爸六点叫你起床，你把眼睛努力睁开，却怎么也睁不开。你使劲跟自己较劲，爬起来，又倒下。爬起来，又又倒下了，——你太疲惫了。

你爸不忍心再叫你，他静静站在你床边，异常心酸地看着你。那会儿，他都想放弃了，儿子，我们不学了，我们就这样吧，我们就这样做个最最寻常的人。考不上大学又不是不能活，街上摆地摊的，人家不是照样活得好好的？

你还是硬撑着起床了。那时，我想起孟子的话来：

天将降大任于斯人也，必先苦其心志，劳其筋骨，饿其体肤，空乏其身，行拂乱其所为，所以动心忍性，曾益其所不能。

我的小孩，咱们也肩负着大任的，是不？

怕你晚上脚冷，你爸去给你买了一个暖脚垫。晚上，看你把双脚放到里面，说，好暖和啊。你爸的嘴，立即笑得合不拢了。

望前路长咨嗟

1月18日　星期一　天气晴

夜了，无比安静。我的小孩已入睡。

我走过去看墙上的小纸片。今天贴上的是：上人大之难难于上青天，望前路长咨嗟。你在焦虑中。

中午作业太多，你基本上捞不到休息。晚上又睡太晚，使得你原本清瘦的身子，越发清瘦了。都有点像你写的那些瘦长的字了。

英语你已养成习惯，每天必问王老师几道题，或电话里问，或在网上问。现在最担心的，还是你的两门选修课——历史和政治，稍不留意，你就有可能滑到C等级上去了。

也有泄气的时候。那时，你面色凝重地问我，妈妈，为什么要高考呢？

是啊，为什么要高考呢？如果没有高考，我的小孩，将是多么快乐的一个小孩。如果没有高考，我们做父母的，是不是也少了几分煎熬？

可是，如果不高考的话，你又用什么来证明这么多年来你的学习成果？

算来算去，怎么算总分也不能达到北大。说真的，这个目标，对你来说，太高了。咱未必要攀这么高，尽力吧，可好？

别嫌你爸老是翻历史，说他当年如何如何，他有这个资本说。17岁，他从小渔村走出去复读，那时他的实际状况是：历史、地理一片空白，英语只认得26个字母，语文是好多汉字不会写。在一所中学复习了两个月后，第一次参加摸底考试，他英语只考了几分。厕所里遇到教他的英语老师，英语老师很是体恤地对他说，你这个样子，考学校是没有希望的，你还是回家去吧。当时他听了这话，直想哭。后来他把自己捂在被窝里，真的痛哭了一场。然他坚持留下来，一天只睡三四个小时，没日没夜地苦读。坚持到最后的结果是，一年之后，他考上了！100分的英语试卷，他考出85分的高分。

不抛弃，不放弃，这是成功的秘籍。除此之外，成功没有第二条捷径好走。我的小孩，我希望你永远记住这六个字：不抛弃，不放弃。纵使最后不能如愿以偿，但因你的那份坚持和努力，你也无愧于你的青春。

一个世界，两重天地

1月20日　星期三　天气晴

天气暖和得不像话了。跑到室外，扑面而来的，是一股热乎乎的气流，让人疑为春天到了。

湿度却相当大，地上水雾曼舞。听说比我们更南的南方，下大雾了，长江都封江了，不通航。北方却连降大雪。真正是一个世界，两重天地。

你的情绪也染上了雾，蒙蒙的，茫茫的。原有的热情，渐渐降温。对曾立志要考上的大学，开始灰心。

沮丧的表现之一：

起床不那么积极了，须得三喊四喊的。中午差点赖床上，不肯去上下午第一节课。要不是最后我大声喝住，你恐怕还真的就旷课。

沮丧的表现之二：

做作业心不在焉。课堂作业没法完成，全带回来了。

问你，老师收作业怎么办？

你答，收就收呗，反正我做不了。

沮丧的表现之三：

英语越探究反而越迷糊。以前你做题时，全凭语感猜，反正是不懂的，但有一些，竟被你蒙对了。现在，你一知半解了，在做题时，反而犯了踟蹰，不知该选哪一个，结果全弄错了。你干脆停止探究。

沮丧的表现之四：

两门选修课历史和政治，你无从下手，满脑子的糨糊。练习做10题，能错8题。对你打击不小，你苦恼不已，反问我，为什么要学那劳什子？

沮丧的表现之五：

作文写不出来了，有时面对一个题目，你愣是没办法落下一个字来。

却对零食热衷起来，上学去，不忘了把口袋塞满。什么饼干话梅的，你来者不拒。

亦表现出你天真的一面，每天必要亲我若干回，我不肯，你还是要亲。每天必索要我的拥抱N个。双臂一张，扑过来，嘴里说，妈妈，抱一个。

是不是在妈妈的怀抱里，你才是安全的无忧的？

我的小孩，你让我有些无可奈何了。

你是我们的太阳

1月22日　星期五　天气晴

你的太爷爷入土为安。我和你爸，都去了乡下送他。

太爷爷生前最疼你，你每次去，他都潇潇潇潇地叫，眼睛笑眯成一条缝。且摸出不知什么时候攒下的饼干糖果给你吃。

按理说，应该带你回去，给太爷爷磕个头。但考虑到你已高三，关键时刻，不能缺课。想你太爷爷若泉下有知，他也是理解的。

到了那儿，整整一个下午，我坐立不安。满场的亲人，这个，那个，我都应付式地说着话，心里自私地只惦念着一个你。不知你吃了没，不知你一个人在家，是不是孤单得想睡觉。

晚饭我没吃好，你爸也没吃好，他不时抬腕看表，催我早点回。

感谢你的外公外婆吧，一年中，我和他们相聚的时光，真是少得可怜，但他们竟也催我早点上路，打包了你爱吃的几样菜肴，捎上。

我于是，丢下满场的亲人，和你爸往回赶。

我的小孩，你是我们的中心，你是我们的太阳。

一路上，和你爸说着话，话题里，都是你。我们一会儿微笑，一会儿叹息。车窗外，漆黑一片，伸手不见五指。我们互相宽慰，儿子再不出息，可是，他平安，他健康。要知道，平安与健康，是对父母多大的报答啊。——足够了！

到达小区门口，我尚未等车停稳，就跳下去。仰头搜寻我们的家，窗口，一豆灯光，多么温暖。知道你已下晚自习回家了，一颗提着的心，才放下。

上楼，三步并作两步。推开门，我叫，潇潇——。以为你会扑上来，缠着我说话的，但没有。你平静得很，头也没有抬，仿佛我们从未离开家，又或者，你根本就当我们不存在。你埋首在你的作业堆里。

我和你爸交换了一下眼神，轻手轻脚回房去，不敢再打扰你。

到哪山唱哪山的歌

1月23日　星期六　天气晴

元旦那天买的两盆水仙，打花苞苞了，房间里氤氲着淡淡的香。

我很喜欢水仙的一些昵称，譬如：玉台金盏。感觉里，像挽着长发的女子，伸出素手，握了小小的杯，杯里是酒，浅淡的香。那个时候，樱花开着。或者，是在薄暮，云霞剪出一段一段的羽纱飘带，风轻轻拂着，说不出的情绪，到处弥漫。是不是有种静谧的好？

跟你讲水仙的传说，让你嗅它。你低头，凑近了闻，说，香。我笑了，我要让你记得每一朵花的香。

这是难得的偶尔的闲暇。

期末联考，越来越近。这次联考，全市统一，将以高考的模式出现，算作第一次高考演练。各学校都相当重视。

跟你开玩笑说，考第一呀，考年级第一呀，考到了就能得到一千块的奖金的。

你仰天长叹一声，难啊。

我跟着你叹，难啊。

梦却继续在做，上北大，上人大，上武大，上厦大。我的小孩，你的脑子里，一定走马灯似的了，把这些学校憧憬了又憧憬。你说，妈妈，到了那时候，一切，都自由了。

真的一切都自由了么？我笑。暂且不说你。到哪山唱哪山的歌吧，先唱好眼前这座山的山歌才是。

你愣愣的，不知在想什么。或许，什么也没想。我轻轻拍拍你，你反应过来，也拍拍我，转身走向你的作业堆。

我不经意往墙上瞄了瞄，你贴的目标任务已排了三行。蓝色的小纸片，把一面白的墙，衬得很好看。我笑说，等你高考结束了，这面墙要保留下来，它是一面励志墙呢。

背水一战

1月25日　星期一　天气晴

中午回来，你向我和你爸宣布，说你有重大决定。

我当时正在锅上炒菜，举着铲子的手，就那样搁在半空中，眼巴巴看着你，等着你说。

你很好地享受了我的急切之后，这才抖搂出谜底，你说，你决定不去学校上课了，联考之前，你都留在家里自己复习。

嗯？我们一时没反应过来。按常理，好孩子都是不旷课的。且最后复习阶段，老师的经验，是多么重要啊。

这时候，你表现得相当成熟起来，你分析了利弊，你说最后几天，在课上根本听不到什么，数学课上讲的题目，你基本都会做。其他课上收获也一般。再待在学校里听课，简直就是浪费时间。你准备自己突击，把不会的不懂的，整理出来，把一些课目的死角，清理一下。

我在心里为你欢呼。好，我的小孩终于有自己的主见了，而且，能够当机立断。我当即表示赞成。

吃饭时，我才知道你已为你的决定，做出背水一战的准备。你说这次根本没想征得我们同意，你把教室的东西都收拾回家了，我们若不同意，你也会坚决按自己的意愿做。

啊，谁知道我妈妈这么开明呢！你讨好地伸过一张脸来。

我笑了，我说，正确的，我们肯定会支持。若是明知你做得不对，纵使你坚持，我们会比你更坚持。

你点头同意，说，也对。

饭后，我给邓老师打电话，正踌躇着不知怎么跟邓老师说，你在一边接过电话去，自己跟老师谈起来，一点一点分析了给老师听，那叫一个侃侃啊。我的小孩，真帅，帅呆了！

事情的结果，当然OK啦！底下就看你的了，你若考不好，哎呀，真不敢想象，会对你有多大打击。

你想考年级前五名。你说，考第一，暂时也不太现实，我争取第五吧。

我说你要是考到年级前十，我也就心满意足了。呵呵，老妈的要求向来不高，要名列前茅干吗呢？多辛苦呀。

给父亲的信

1月27日　星期三　天气晴

收拾抽屉，找一张银行卡，无意中看到你在去年八月份写给你爸的信。那时，暑假将过去，高三已扑到跟前。你爸和你，常常因你的学习爆发“战争”。又一次“战争”爆发后，你写下了这封信。

现在，我是微笑着看完它的。但随后，又眼角湿润。我的小孩，你内心的丰富，是不是被我们忽略太多？不妨抄录于此，做岁月成长的见证：

父亲启：

关于我的学习问题，我想在此做一个阐述。

首先，我必须明确一个观点，那就是，在学习问题上，我只认同自己做出的判断，别人的建议，我只能权当参考。我认为对的，我就会去做。我认为不对的，我就不会去做。

其次，关于英语的学习问题，我还要做一个说明，如今离高考仅有300天左右，不必怀疑我的学习态度，就算你很怀疑也没什么大的作用，中考就是一个很好的例子。学习这种事，只能靠自己，任何的外界压力对此而言都仅有副作用，所以，很多事情上，只能开导，不能威逼。而关于学习经验上，我自认为不比你差，从幼儿园到现在，我已经上了16年学了，比你还要多一些，因此，无论是学习经验，还是考试经验，都已形成系统化，估计比起你来，还要略胜一筹。所以，不要总是用老师的口吻来压我。注意一下，此处的学习经验是指学习方法而非英语水平。我承认自己的语法尚不如你，不过，你也好不到哪儿去。

既然学习态度我已端正，学习方法我也知晓，那你干吗还整天对我的英语指手画脚的？再透露给你一些内幕消息：其实英语试卷，我全部都是瞎做的。解释一下，就是闭着眼睛乱写的意思。说到此处，你是否怒火中烧、勃然大怒，或是一种不掐死我不痛快的感觉？尚且息息，且听我慢慢道来：

第一，我早已说过，这次的试卷老师根本不讲，我就是认真做了也效果不大。

第二，倘若我真的很有时间的话，我会把时间用在看英语语法或是英语白皮大书上，而不是浪费在做题目上。为什么呢？因为从高二开学到结束，试卷天天发，每发必做，每做必讲，每讲必听。如此一来，我的英语成绩仍旧变化不大，开学的时候是七十几分，学期末是八十分多一点，而这可怜的小小的变化，还是由于我的学习态度转变而引起的。由此可见，题海战术，又有什么作用？我英语基础太差，做再多的题目没用。

第三，物质决定意识，这就要求我们要一切从实际出发，实事求是。上文中所说的“倘若”，其实不成立。从我开始想认真学习，制订计划时起，每天我的做作业时间，不是只有，而是仅有三个半小时。除去固定的每天一个半小时做历史试卷，还有半个小时写作文或做语文作业，我能够自由支配的作业时间，少得可怜。而在这段时间里，不仅要做数学、英语、政治三门的作业，还要背语文的古文，我哪儿有时间啊我？你也许会奇怪，我一天24小时呢，怎么只有这一点时间做作业？再听我慢慢道来，每天我正常的学习时间，是近十个小时，上午六点至八点二十是英语时间，这算两个小时。休息过后到十点五十，也就是八点五十到十点五十，也是两个小时，这是看英语语法和数学资料的时间。下午两点至五点半做作业，七点至九点也是看语法或数学资料的时间，又是两个小时，加起来共九小时五十分钟，也不少了。不要打我每天休息时间的主意，那是法定的，不容许任何人以任何形式干涉。不要以为你每天下班就看到我在看电视或上网就算我学习不认真，且不谈我每天近十个小时的学习，就我早上那一个多小时的背英语时间，就让我差不多了。一个多小时对着英语不停地背，还要大声，不然你们会认为我没有认真背。这一个多小时背下来，我哪一次不是口干舌燥、头晕眼花，我容易吗我？你要是认为简单的话，你来试试。当然了，近几天的背英语时间都仅有五十分钟多一点，原因呢，是听英语时间延长，背书实在是吃不消。

这么多字看下来，我想你的怒火也快熄了，也不知道有没有实际效果。总而言之，综上所述，就是不要一天到晚说我学习不认真，不要再在英语作业的问题上跟我吵来吵去。说白了一点，就是除非你能说服我，让我心服口服，否则，我是不会听的。

最后，祝大家在未来的三百天里，齐心协力，共创辉煌。

子：王潇

敬上

8月26日

外面的世界很无奈

1月28日　星期四　天气晴

太阳好得让人疑惑：这哪里是隆冬季节啊？分明是花红柳绿的春天嘛，仿佛听到蜜蜂在耳边嗡嗡。这是我在大太阳下的幻觉。

人家的被，照例晒得满院都是。没院子的，就晒在门前檐下。穿行于棉被铺就的凡尘里，我会想到一望无际的棉田，还有过日子的好。我还想到我的小孩，他是一株生长的棉花呢。我于是，迫不及待也把我们的棉被捧出来晒，我看到阳光在我们的被子上跳着舞，那一刻，我的心里涨满幸福。

你在墙上新贴的纸片上写着“水滴石穿，绳锯木断”“几人平地上，看我碧霄中”，真是豪气冲天哪！

为应付期末联考，你铆足了劲。昨天特地去学校，找了所有任课老师交流，让他们替你分析试卷，估计你的考试现状。你们的邓老师估计你数学得分在120分左右。你回来告诉我，很有些不服气，你说，我不止考这么多的。

这会儿，你在考试，我很有些心神不宁。阳光大朵大朵落在窗台上，静。我想象着你坐在教室里的样子。面对试卷，你是否紧张得手心淌汗？考试真是极不仁道的一件事，把好好的一个孩子，折腾得失眠。

我去学校等你。好不容易考试结束了，一些孩子跑出来，我在那些孩子中寻你，怕看到你的沮丧，怕看到你的难过。

没找着你，估计你先回家了。我一路赶回来，恨不得生了翅膀能飞。推开家门，听到齐秦的歌声，灌满一屋子。你正半躺在我的电脑椅子上，在听。“外面的世界很精彩，外面的世界很无奈……”你说，唱到你心里去了。

我小心察看你的脸，没看到沮丧，松一口气。你却突然说，妈妈，这次数学卷子难死了，我好多题都没做。我一惊，但面上不动声色，我说，那，一百分考到不？你说，除非粗心，否则一百分应该考到的。

我安慰你，算了，考不好也不要紧，咱只要尽力了。

你颇得温暖，要我抱一下。然后告诉我，刚才，你一个人回家，听着自己空荡荡的脚步声，感到很茫然。

我知道学习的压力，对你来说，有多重。我却无能为力。我只能向现实屈服，要求你学习学习再学习。

我拥抱了你。我的小孩，但愿我的怀抱，能给你片刻安宁。

明天还有两场考试呢。

门半开

1月29日　星期五　天气晴

下午最后一场英语考试结束后，高考一模考试，也就全部结束了。

你回来，我正站在阳台上，看楼下路过的一群孩子，在那里面寻你。你突然在我身后叫，妈妈。我一惊，啊，你回来啦?

看你的脸色，不沮丧。你这点好，抗震力强，不管遇到多大的弯儿，你都能做到从容自在。因为你一直觉得自己是个不出色的孩子，你已经接受了这样的事实，所以，考得再不好，你也认为那是正常的。

英语据你说，试卷简单，但你做起来不简单。照目前情况看来，你这次成绩会出现大滑坡，你对此，也有了心理准备。

那好，咱不谈，咱吃饭。你泡了一碗面吃，我把中午的牛肉粉丝热了热，蒸了两个馒头。你爸在所里值班，他不在家，我们就将就一点吧。

你吃得很饱，食欲总是很好，这点好。我一直默默吃，没怎么说话。你吃完，跑我身边来，头挨着我的头，慢慢蹭。你突然说，妈妈，别难过。我说，我没难过啊。你说，妈妈，亲一个。然后，亲了我一下，又一下，这才直起身。你望着我叹口气说，真可怜。我惊了，我说谁可怜?你说，我们，我们都可怜。

学习的压力，让你说出“可怜”两个字，真是揪我的心。

我岔开话题，我说考不起来拉倒，今年考不上，咱明年再来，至多再复读一年呗。

你说，也是，今年考不上，明年再来。

你收拾好背包，跟我挥挥手，妈妈，我去上晚自习了。门半开，你又从门外探过头来，对我笑了笑，然后才蹬蹬蹬下了楼。

我的眼角又潮湿了。我的小孩，你是不放心妈妈，是怕妈妈一个人瞎想的。

一只鸵鸟

1月31日　星期日　天气晴

外面的天，一会儿晴，一会儿阴的，举棋不定，像人生的某个阶段。

一模的结果出来了，有点出你意料，你认为能考到一百分之外的数学，只考了98分。语文和小两门，牺牲得也很惨烈。语文输在作文上，你写偏题了。英语提高不少，看来王老师的指导，很对你的路子。

由于语文和数学，是两大学科，尤其语文，分值200分。你的总分，还是掉到年级一百名以外去了。

你不停安慰我，妈，别难过，别难过，我知道怎么做。

又给我打气，妈，你要相信我，没有什么不可能的。

我拥抱了你，不说话。我觉得说什么都是多余的吧。我的小孩，我不信你我信谁？你近来突飞猛进地懂事，让我和你爸，看在眼里，喜在心上。不，不，已从心里溢出来了。看到妈妈每天在电脑前又唱又跳么？现在的日子，对我们这个三口之家来说，是最平稳最温馨的一段好时光，我有什么不快乐的？

对待学习，我一直的观点是，只要尽力了，就行了。天下那么多人没上过名牌大学，还有那么多人连大学门在哪也不知道，人家还也一样过日子？有出息的照样有出息。不是有句话讲，条条大路通罗马么。路有很多条，关键靠人走。

看你一个人默默地，待在你的房间里做作业，多像一只鸵鸟啊。你的身上，还能承载多少重量？我心疼，却无奈何。

晚临睡觉前，我意外发现你的手受伤了，磕掉一大块皮。问你，你淡淡地说，下午在教室里，自己捶在桌上捶的。

我问，为什么？

你答，当时心里很烦。

看我惊愕加难过地看着你，你反过来安慰我，没事，妈妈，没事，都过去了。

我突然有种想哭的冲动。

给孩子的梦想，插上飞翔的翅膀

真快，高三上学年，已接近尾声了。

寒假之前，各校都要安排一场大考，以便对高三一学期老师的教学情况，和学生的学习情况，进行一次检测与汇总。相当于高考模考，试卷的难易度，跟高考接近。这场考试下来，每个孩子的学习情况好坏，基本上能做到一目了然。所以，对这场考试，老师、父母和孩子，都相当重视。

孩子的紧张，可想而知。他们很想在这次考试中证实自己，期望自己能坐稳江山。他们设想着种种可能，原先还遥远着的大学，开始如约而至，造访他们的梦境。他们向往北大的未名湖，武大的樱花道，每一个梦想，都开着花。

然又是忐忑的，他们看得见梦想，就在不远处，光芒四射，像颗迷人的水晶球。要走近它，却是难的，他们对自己没把握。也有的孩子，很清楚其间的差距，知道梦想站得太高，而他（她）站得过低。只是，梦想是那么诱惑着他（她），他（她）还是忍不住，在思绪里，一遍一遍抚摸它。情绪跟着后面一会儿高涨，一会儿低沉，在反反复复中纠缠。

父母在一边急啊，照父母的想法，你这个时候还做什么梦呢，这不是纯属浪费时间吗！你就埋头好好复习，准备迎考呀。又或者，父母有父母的老经验，脚踏实地，方能成大事啊。所以，他们在最不该泼冷水的时候，给孩子的梦想，浇上一大盆冷水。冲突由此产生，亲情疏离，其结果往往是，孩子会变得沮丧消沉，失了斗志。

写到这里，我想起一首歌，一首极青春的歌，是现在的孩子都喜欢听的。歌里是这样唱梦想的："我相信梦想就是最好的信仰，指引我们向前不会彷徨，拥有梦想的人一定势不可挡。"我为这样的梦想，击掌！是的，有梦想的人一定势不可挡。尽管，有时的梦想，是树顶上最绚丽的那一朵花，我们踮起脚尖未必够得着，但因有梦想的支撑，我们会让自己，像鼓起的风帆，毫不迟疑地，一路向前。

所以，在孩子游走在各种梦想之中时，你应持赞许的态度，给孩子的梦想，插上飞翔的翅膀。

一、在孩子的各种梦想中，给孩子挑一个适合他（她）的梦想。

孩子的选择，有时具有不确定性。梦想太多，会纠缠不清，会牵扯孩子过多的精力，且也没有明确的目标，这种情况下，梦想也只能是梦想。所以，你要帮孩子确定下来。你可以和孩子一起，把他（她）所有的梦想，都放在一起比较，挑出最适合孩子的（当然，这个挑选，要与孩子协商，不要以你的好恶来决定），把它作为唯一的。因为唯一，就有了归属性。

好，现在，这个梦想，属于孩子了。他（她）会因此产生神圣感，因为拥有而神圣。从此刻起，一直到高考，他（她）都将怀抱着它，为实现它，而积蓄力量，再努力一把。

二、把梦想贴上墙，放在孩子最易看得到的地方。

孩子的韧性有限，情绪的反复，是极正常的事。一段日子的狂跑过后，他（她）会疲惫，会厌倦，会懈怠。把梦想贴上墙，让他（她）一抬眼就能看到，无形中，会给他（她）注入新的活力，让他（她）不敢懈怠。——梦想在那里等着他（她）呢，他（她）不要让它失望。

三、不要吝啬你的赞美。

世上没有两片完全相同的树叶。同理，世上也没有完全相同的两个孩子。每一个孩子，都是唯一的。因为唯一，所以，不可替代。如果你每天都对他（她）说一句："你是最棒的！"其结果会怎样呢？孩子的好心情，会从你赞美的这一刻起。你是最棒的！这样的心理暗示，该给孩子增添多少勇气！

第六辑

每一棵树，都有自己的图腾

儿大不由父

2月2日　星期二　天气晴

多好的太阳!

站阳台上，望见人家的房顶上，琉璃瓦闪闪发光，银白一片，像撒上了一层白糖。甜蜜着，仿佛就闻得见那甜味儿。

楼下的路上，东来西往的人，川流不息。他们肩背手提的，都是年货。空气中，噗噗噗生长着一种喜悦。对，要过年了，有点小欢喜。

你要买过年的新衣裳。你说，过年不穿新衣裳，这年咋过呢?

自然会给你买的。我的小孩，你在我们身边过新年，还能有多少回呢?

你欢呼雀跃了。

到底还是个孩子啊，容易满足。这样好，易满足的人生，易得到快乐。

只是不能提学习，一提到学习，你郁闷，我们也郁闷。你爸怕你泄气，一再鼓你的劲，说，这次没考好，我们下次重来。你却不接受他的好意，把他给顶回去，你说，学习的事，是我自己的事，你就别啰唆了。

我笑，儿大不由父啊!

我们一起讨论《红楼梦》，讨论里面的人物。对于贾政，我现在相当理解，作为父亲，他的将来，是寄托在宝玉身上的。在那样一个社会若要立足，要出人头地，除了仕途，还能有什么路可走?所以，他逼着宝玉读书，逼着宝玉干“正事”。那样一个成日价只亲近女儿家，吃胭脂水粉的孩子，放哪家，会愁煞哪家。不要说那样的社会，就是放我们今天，有几个家长会宽容到随他去的境地?

请理解吧我的小孩，天下没有不爱孩子的父母，这种爱里，掺杂了多少担忧？担忧你的将来，恨不得替你把将来也揽了过来，清清楚楚地看见你生活得好好的，才放心的。

你爸不计较你的态度，依然屁颠屁颠地跟你身后，甘愿听你指挥。你说要去散会儿心，好，咱立即出发。我们一起去了西溪，去看了主题公园。也一起去逛了超市。我到卖糖的货架上，买那种绵软得像棉花的糖，白色的，绿色的，红色的，斑斓的梦似的。是我小时的梦。

跟你说，小时，谁给我糖吃，我说不定就跟谁回家，做他家的女儿。

骨子里的自卑又在作怪，我是这样的这样的难以忘怀曾经。曾经，那个穿着破衣裳，坐在田埂边望着天边的小女孩，她的梦想，不过是要一根扎头的红丝带，或者，一盒彩笔。而你，我的小孩，现在面对琳琅满目的商品，不知挑哪样好。最后，你买了两盒巧克力的小馒头。

几人平地上，看我碧霄中

2月3日　星期三　天气晴

不知道你在学校经历了什么，回来，你一句话不说。

一模考试，你排在年级一百多名后。邓老师打电话告诉我时，语气里满是抱歉，他认为，是他没把你教好。

我讷讷无言。想想，都要替你落泪了。之前，那么多挣扎与努力，却没得到相应的回报，上帝他一定睡着了。

吃饭，默默地。桌上的气氛很沉闷。你不说话，我们也不说话。到底你爸憋不住了，他分析道，儿子，你高一高二掉下的漏洞，太大太多了，一下子补不完的。这次没考好，千万别泄气，还有一百多天才高考呢，这百十天里，你如果能像前一阶段这么认真，你肯定会考好的。退一步，即使考不好，我们也不会怪你。

你不接他的话，往嘴里狠狠塞着干饭。平时喜欢吃的红烧肉，没见你动一筷子。

我轻轻拍拍你的脸蛋，我说，顺其自然吧。

你突然搁下饭碗，发狠地说，妈，你等着，我下次一定考个第一你瞧瞧！

额的神！别，别这样吓唬妈妈，妈妈胆小。我伸手装着抚胸，逗笑了你和你爸。

空气，终于松动了。

事后，你给我看你在课堂上写的几首诗。你说，当时压抑得不行了，你挥笔疾书，唰唰唰，一个一个的字，就那么从你的胸腔里蹦了出来：

之一

那是什么
茫然　茫然　茫然
我在哪里

周围
怎么都是行人
都是虚无

谁在呐喊
谁在彷徨
谁在梦里
尖叫

梦里也是黑色

梦里也被撕裂

不是梦

是灵魂

真实的灵魂底处

无数次呐喊重叠

扭曲

破灭

命运向我奸笑

我直视它

谁胜谁负

为时过早

之二

梦里的不是梦

是彷徨

镜面

碎

太阳

撕裂

人

死去

黑色的不仅是夜

还有我的心

之三

所有的黑暗

都是为了光明

所有的黑夜

都是为了黎明

所有的讥笑

都是为了明天

云霄之上

几人平地上

看我碧霄中

寒假开始

2月5日　星期五　天气晴

从今天起，我的小孩开始放寒假了，节前10天，节后10天。

计划订了很多，你说要抓紧这20天。我们自是满心欢喜地看着你的计划，你给我们展示的宏伟蓝图就在跟前啊，锦绣一片。

你说数学要补，英语要补。早几天前，你就催着我们帮你找另外的数学老师补课，一天催三回。我不同意，觉得你能把邓老师教的全学会，也就不错了。你却坚持说，邓老师已不能满足你，你现在需要的是提高，需要的是，拓宽你的解题思路。

你就这么忽悠着我和你爸，把我们硬是忽悠得一愣一愣的。尽管我们知道，你往往是雷声大，雨点小。但有点小雨点，总胜过无啊。

你爸领了圣旨般的，四处奔走，终于找到一合适人选——市教育局教研室的数学教研员韩，他积累的高考经验很丰富，听说曾有个学生，高三时连函数是什么都不知道，愣是被他把数学补上去了，在高考中，考了100多分。他答应帮你补数学，让我们一下子看到辉煌了。

早上，你爸骑了自行车，驮着你，送你去补课。看他躬腰曲背努力蹬车子的样子，我在想，我的小孩他会不会感动。某一天，当他回顾他的青春年少，记不记得有这样一幕，父子同行，向着同一个目标。

补课归来，你吧啦吧啦说个不停，很是兴奋。你说这个数学老师找对了，他的解题思路是你从未接触过的，让你受益匪浅。继而又雄心勃勃，说高考数学，你争取考到140分。额的那个神哪！你让我又一个劲地伸手抚胸，直嚷嚷，心脏受不了了。

只是你的定性仍不够，外面的热闹撩拨着你。你伏在阳台上，望着下面的人流，你说，想去逛逛。

好，逛着去吧。要过年了，都欢欢喜喜的吧。

神仙的日子

2月7日　星期日　天气阴

下雨了，间或地，绵绵的。有情有义的样子。

年的气氛越发浓烈了。街上变成了红海洋，红喜钱红对联红灯笼，还有红红的中国结。我想买一个红红的中国结给我的小孩，我的小孩却不感兴趣。要这个干吗？你说。

却一直闹着要过年的新衣裳。没有新衣裳，这个年怎么过啊？我的小孩理直气壮。

这让我发笑，年的概念，在我的小孩那里，大概就是穿穿新衣裳了。当然，能有这样的期盼也不错，到底让年过得隆重起来。

我趴在电脑前，给你挑。你知道妈妈最怵这个，逛商场时间长了头会晕，我情愿捧本书，静静看。可是为了你，我还是耐着性子，这个网店逛到那个网店，最后，帮你挑了一身新衣服，黑色的棉袄，靛蓝的牛仔裤。你这才满意了。

你去百十里外的王老师那里补英语。来回奔波太费时间，你便在那里住下了。家里一下子清静下来，我和你爸终于不用再考虑你了，早上可以睡到自然醒，不用起早叫醒你。不用绞尽脑汁变着花样给你做饭吃。不要跟你啰唆和听你啰唆。我们做神仙啦!

我慢悠悠起床。你爸开了音乐给我听。我们随便热几只包子吃。我在碗里养水仙。碗里的水仙开得好，一朵两朵三四朵，五朵六朵七八朵，朵朵喷着香。我们出去散步，天像是泡在水里面似的，但不妨碍我们的快乐。突然想，我的小孩，你不单耗去了我们的年华和精力，你也耗去了我们的自由哪。

只是，在路过一家火锅店时，我和你爸很没出息地想着你。因为，你最爱吃火锅。我看着你老爸，你老爸看着我，几乎一齐说，也不知儿子在那儿怎么样了，给儿子打个电话吧。

电话接通，你兴高采烈的声音传过来，向我们汇报了你的情况，说一切都好着呢。

因你的好，潮湿的天空，突然明艳起来。

雪开花了

2月11日　星期四　天气阴

雪开花了。白的花瓣，白的蕊。银白，粉白，纯白，怎样的形容，才可配得上那白？干脆，还原它本身吧，就是雪白。雪白雪白的，沸沸扬扬，是天女散花啊，就那样满把满把地，从空中抛洒下来。开在屋檐上。开在树梢头。开在眉眼盈盈处。

我想起我的小时，这样的大雪天，穿着母亲缝得厚厚的棉袄棉裤，坐在脚炉边，和姐姐争抢炭灰里埋着的蚕豆。吃完香香的蚕豆，我们会对着外面的大雪唱歌谣：

雪花飘飘，馒头烧烧，吃吃困困，两头香喷喷。

我的小孩，你对雪，却少了这样的记忆。你只是站在阳台上默默看着，并无太多欢喜。

这怎么行？一颗缺少欢喜的心，会少去很多快乐的。我拖你去楼下堆雪人。

跑到雪地里，你终于活泼起来。你蹲在雪地里，堆雪人，堆得很认真。很快，雪人的模子出来了，有着胖胖的身子，胖胖的脑袋。你折了根小树枝，给它当标杆——雪人也是需要有伟大目标的。

帮你跟雪人合了不少影。每一张，都是不可再回的青春时光。我的小孩，当你成长到我这般大，自觉不自觉地回忆过往时，我希望，这一页的纯白，会让你在奔波辛劳的人生中，微笑起来。

我们暂且不谈学习。在外一住五天，你补课刚归来，有许多新鲜的话要跟我说。譬如，你遇到王老师的孩子，那孩子在念大二，华东科技大呢。你以为难得不得了的数学题，他略一思索，就提笔做起来。你发现了你们的差距。你感叹，跟他真是不能比。

那么，我们就不跟他比，我们跟自己比，只要你的今天，比昨天进步了，那就是最大的收获。我们每天进步一点点，这人生，也就活出价值来了。

你笑笑，认可了我的话。搂着我的脖子说，还是我妈妈好。

哦，我们还是看雪吧，别浪费了眼前的美景。

这人生，有时是经不起等的

2月12日　星期五　天气晴

雪后初霁。我脑中蹦出一首歌来，想唱：

雪霁天晴朗，腊梅处处香，骑驴把桥过，铃儿响叮当……

没有梅寻处，我们寻着满街的热闹走去，买点糕点，买点瓜子，买点红枣汤圆。你一早就去浴室把澡洗了，换上新买的内衣和羊毛衫，干干净净，清清爽爽，让我恨不得扑上去咬上一口。咱们，要过新年了！

新年是要和你爸一起回老家的，那是他的根。有时，问你老家在哪。你会迷惑，不说你爸的老家，不说我的老家，你只说你出生的地方。你出生在一个小镇，那时，我和你爸，都在小镇工作，你在那里度过你几乎所有童年时光。现在，一碰到小镇的人，一听到小镇的事，你都感到特别亲切。难怪，那是你的衣胞之地，已注定与你的记忆密不可分。

你装模作样地拿本书看，其实哪里看得进去呢？你的心在摇摆着，扑腾着，一会儿要关心一下窗外发生什么事了。一会儿又要关心一下我们买回什么了。一会儿又闹着要再去商场逛逛，再买点儿什么。你说，一年只过一次年，这年，可不能等闲过。

搞笑吧？哪一天不是只有一次不可重来？哪一天又可以等闲过？我的小孩，你对我信誓旦旦的承诺，还响在耳边呢，妈，下次我考个第一你瞧瞧！你发誓时，热血沸腾。实现时，却变得淡然了。看看，这个假期已过去一半了，你制订的计划实现了多少？

你嬉皮笑脸说，等过完年。过完年，我一定用功。

我的小孩，妈妈可以等。只是，只是啊，这人生，有时经不起等的。

还好，你在我的“威逼”下，写了一篇作文，用五十分钟完成。作文题是《标准》，不太容易写，然你写得很顺利。采用剪辑式的方式写的，格式很新颖。

新年随想

2月14日　星期日　天气阴

新年第一天，又下了一场雪。那雪应该从夜里开始下的，地上铺厚厚的白。

我们在你爷爷奶奶家过年。小镇上年的气氛，很浓郁，噼里啪啦的鞭炮声，从除夕夜，一直响到大年初一早上，几乎就没间断过。我是被隔壁人家的鞭炮声震醒的。

我的小孩新衣新鞋穿好，过来拜年。压岁钱收了一些，奶奶给的。你眉开眼笑接了，揣口袋里。我和你爸，也一人给你50块。你亦是很知足地，把它收了。对钱的欲望，不高，有，收之。无，亦可。这点值得表扬。

长长的时间，看着你玩耍与无所事事，总是痛惜的。便布置了你一个任务，写篇新年随想吧。你于是，唰唰唰，一气呵成，愣是让我小惊了一下。虽说文中有不通之处，可整篇看起来，真的很活泼很可爱。

附你的随笔：

现在，就是现在，是大年初一上午的9时53分。我坐在楼上，看雪飘，写下新年的第一段话。

外面风刮得很紧，雪下得很大。楼下的大理石光滑得像溜冰场，踩在上面，你留下一个脚印，那是因为有人在你身后扶着你。倘若你留下的是一大片空白，那么恭喜你，在你倒下的一瞬间，财气也顺便降临到了你身上。踩牛粪都能中大运，何况是整个身子趴在雪里？恭喜发财，新年开心，一切都好。

昨天，体会到了很多不同的感受。比如说，穿上新衣服的快乐；看电视没人管的喜悦；睡觉睡到自然醒的幸福。多想幸福永恒，多想时间永远定格在除夕之夜。只可惜，时间不留人，过了一夜，我离高考，又近了一步。人生不可能总是美满，幸福不可能在这里定格，只能把它留在心里，当作快乐的美好的回忆。

外面的爆竹又响了，一样的声音，年复一年。而这响声终究会停止，就像屋顶的雪，积满了，再落下来，什么也没有了。

这会儿雪又小了些许，或许不久后会停下，天空中又将一片空白。就像往年的烟花，繁华之后，只留下些烟雾，徒增空白。如同《红楼梦》中一样，落得个白茫茫大地真干净。

什么都没有，自然会干净。

新年了，不说这难听的话，那就恭祝天下有情人终成眷属吧。对面的，知道彼此相爱。远方的，能够重逢。生死相隔的，能够来一次倩女幽魂（这明显瞎掰嘛——妈妈语）。大家开心，什么都好。

每一棵树，都有自己的图腾

2月16日　星期二　天气晴

天开始转晴了。人家房屋顶上，还望见斑驳的白，那是雪的痕迹。太阳好的时候，看上去，像白糖，让人有用勺子舀起的欲望。

这个年，我的小孩心都玩野了，情绪沉淀在过年的气氛里，迟迟不肯走出来。你爸急，说，不能再在外面待了，再在外面，儿子都不知道他姓什么了。不顾你爷爷奶奶的挽留，“挟裹”着我们，急急地从老家往小城赶。得让你有个安定的学习环境，这是我们目下要着手做的。

我的电脑，在春节期间坏掉。去电脑城，重买一台。新年里，电脑城的人上班晚，我们停在街道拐角处等人。那里有树，树干上，有很多天然的花纹，很奇特的，像写意画。这真让我惊异。我记得曾看过东北的白桦树，那树干上的花纹，像极人的眼睛。其实，不独独白桦树有花纹，梧桐树也有，还有刺槐和苦楝树。

每一棵树，都有自己的图腾。像尘世中的每一个人，哪怕再低微，他（她）也有自己的信仰。

我的小孩，你的图腾是什么？你围着我的新电脑感叹不已，说它便宜，好看。说你将来买电脑，一定买台比这台更好的。——将来，在你眼里，是绚烂一片的。

眼下呢？眼下你还有一堆寒假作业没完成。忍不住说你两句，你回，你放心好了，反正在开学之前，我会做起来的。

你自有你的打算，别人急不来，也急不得。像一棵树，它会按它的规律，成长，壮大，再在树干上生出奇特的花纹。

生命的顽强

2月18日　星期四　天气晴

天越发的晴了，阳光像长了翅膀似的，在天空下乱飞。

路边的树，枯萎的枝条上，有新的生命在律动。也许在我一眨眼的工夫，那绿，就冒出来了，跟雏鸡的毛似的。让人的心，无端的柔软。

你曾于一日，指着趴在人家墙上的枯枝枯藤问我，那是什么？我说，凌霄花呀。记得不，开得黄黄的，满墙头的花？你“呀”一声叫了，是这种花？我还以为这枝条死掉了呢。

生命的顽强，常超出我们的想象。对此，除了敬畏与感动，我们还能做什么？

我的小孩，我想象你也是一株植物，在这个春天复苏，有着葱绿的枝叶，有着旺盛的生命。

新电脑一直在熟悉中。你新奇于它的好看，整天围着它转，趁我一不注意，就在上面瞎捣鼓。不知你设置了什么程序，电脑用一会儿，就自动重新启动。凌晨，我写好的约稿，因突然的重新启动，消失殆尽。我僵住半天，四周静得只有我的呼吸。偶尔不知谁家的鞭炮声，打破宁静，惊天动地。

真想拉你起来，揍你一顿。去你房间，你睡得像头小猪，胳膊又是横陈在被子外的。我哪里舍得揍你啊，轻轻把你的胳膊塞进被子里，帮你掖紧被角。

我只能凭记忆，把丢失的那篇文章，一字一字给“找”了回来。这事干完，天已大亮了。人家的鞭炮声，此起彼伏地响起。正月初五，财神日。

我把冰冷的身子蜷进被窝里。迷糊之中，听到你起床的声音。不一会儿，客厅里响起你的读书声。这真是久违了呢。

我轻轻叹口气，世上最幸福的事，莫过于听到我的小孩在读书。睡意这时铺天盖地涌上来，梦里的阳光，都开着花。

阳光里有了春天的味道

2月20日　星期六　天气晴

日日晴天，阳光里有了春天的味道。

鸟渐渐多起来。有几只停在我们的窗台上唱歌。我很想知道，是不是去年的那几只。若是，我们和它们，便是故友重逢了。

重逢比初相识更让人激动。

在固定的时间，你起床。我因熬夜，一般要迟些时候才起床，早饭是你爸和你一起吃。

你不时进来骚扰我，摸我的脸，摸我的头发，一下一下。直到我起床。

我说，过了年都十八岁了，你还以为自己很小？

你答，只要没过十八岁生日，我就还是未成年。

好，未成年的小孩，现在可以去做作业了么？

你这才捧了作业，去阳台上做，那里有大把的阳光。我洗漱，随便塞点什么到肚子里，然后开电脑，干我的文字活。我们互不打扰。窗外的阳光，扑着翅膀，在飞。日子平静，岁月静好。

小两门中的政治，让你重点复习。你一天做两份试卷，选择题的正确率渐渐提高，以前30题能错12题，现在一般错5到7题。分析说明题你根本没办法下手，书上的原理，你只会生搬硬套，不会灵活运用。这有待于进一步训练。

作业做累了，你伺机来碰我的新电脑。我当然不允许。你发狠，将来，等将来，我买台比你这台高级10倍的。

又是将来？我的小孩，将来到底离你还有多远？

中午，给你烧鱼和炒羊肉吃，你吃得很欢，一边吃一边感叹，要是天天放假多好。

我说，不用感叹了，再过100天左右，你就天天放假了。

这一说，陡的一惊，还有100天左右的时间，你就见分晓了。真是有些怕怕。

冲　突

2月22日　星期一　天气晴

是不是每段平静的日子下，都潜伏着一股暗流？我的小孩，掀开日子的外衣，里面裹着的内核，竟是这么的脆弱。

你每日里，都是睡到七点才起，且在你爸的三吆四喝之下。你慢吞吞洗漱，慢吞吞吃早饭，然后，慢吞吞捧起书，装模作样地念啊念。念的什么呢？我偶尔检查，只查你政治课目的哲学部分，你对书本竟一点不熟。却振振有词，抱着一段话断章取义去理解，理解得让我瞠目结舌。不至于吧？不至于吧？都快高考了，你的哲学水平，还停留在初学阶段上。

这也罢了，咱谦虚一些，不懂就问，没记得的加紧背诵。亡羊补牢，让以后的羊不要再丢失了。偏偏你要拗着来。

就说今天的练习吧，我一检查，发现很多错误。你亦知道自己做错了，做错了就错了，你从不探究正确答案究竟是什么，你只管把作业应付掉就算了。这样的学习效率，几乎等于零啊儿子！枉你也花了那么多时间在做作业，太不值了！

你的嘴却硬。不懂就是不懂，咋的啦？这是你回我的话。我就是笨，咋的啦？你一副无所谓的表情。

我气得转过头去，默默掉泪。我不知道我和你爸苦心劳碌地围着你转，到底为的什么。你平庸且懒惰，缺乏同龄孩子应有的朝气。你要知道，一个孩子的青春，若没有朝气，他活得多么苍白且不值！

我得承认，人的性格有天生的。你根子深处的有些东西，是扭转不过来了。总要等到那么一天，你自己明白，社会不是你想象的那么简单，不是你想干什么就干什么。钱不是你想象的那么好赚，不是你高兴一个月一万就一万的。总要等到那个时候，你方才知道，做你的父母，是多么不容易。

分享感动

2月24日　星期三　天气晴

早春二月，乍暖还寒。但春光还是挡不住地，偷偷溜出来了。那是杨柳的绿，是迎春花的黄。我还看到去年的那只野鹦鹉，它又站在一棵紫薇花的树枝上，变换着嗓子唱歌，长曲更短曲。

你开学了，这将是你中学生涯的最后一学期了。你因刚开学，有些小兴奋，对着镜子打扮了一番，头发梳来梳去，折腾半天，这才穿戴一新去上学。

邓老师找你谈了话，分析了你的学习状况，建议你要狠补数学。他又搬出那句名言：得数学者得天下。他课余时间帮班上的学生补差，要求你也去。你坚决不肯去，你强调，我的学习情况我自己最清楚，我不要他补，他补了也没用。

你见我气结，忙解释说，邓老师教了我三年了，他的方法我基本都知道，我跟在他后面补，只是重复地做跟别人一样的题目，这对我，毫无益处。我要自己补我薄弱的地方，函数这一块我学得很不好，我会好好补这一方面的。

觉得你说得很有道理。千篇一律地做习题，或许耽误了很多孩子也说不定。我立即变成你的支持派，不补就不补吧。

你又看到一篇文章，文章叫《花开不败》，是一个复旦大学的女生写的。她回顾了她高考那一年，她从一个名不见经传的小卒子，抱定复旦大学这个信念，一路狂追。最终，成考场上一匹跃出的黑马，在所有人都不能置信的情况下，她跨进了复旦大学的门。

这篇文章又刺激了你，刺激得你热血沸腾。你又把它打印了好几份，分发给班上的同学。你们相约，一起努力。你说，说不定我们也能成为那匹黑马。

忽然就被你感动了。一个人，愿意与别人分享他的感动，且愿意用这样的感动，带动他人一起前进，他一定是心怀善良与美好的。这个世界，有善良在，没有比这更好的了。

某小孩貌似要破壳而出

2月25日　星期四　天气阴

某小孩貌似又开始认真。而且，似乎，好像，真的，动了真格的。

某小孩总是反反复复，复复反反，这也符合事物发展的规律，前进性曲折性是相统一的。

某小孩深受那篇《花开不败》的影响，又暗暗发誓，打好最后一仗。之前，某小孩也曾受两篇文章的影响，其中一篇《破茧成蝶》，被某小孩反复阅读。那些日子，某小孩的情绪都是亢奋的，惹得我和你爸的情绪，也跟着后面亢奋，以为终于守得云开见月明了。然某小孩亢奋了一二十天后，又进入疲软期，恢复到本来的样子，哎呀呀，那真叫老妈伤心哪。——不提也罢。

不知这次某小孩会坚持多久。

某小孩说，数学要做，不断做题，反复做题，做死它！某小孩于是把自己关在小房间内，不停地做啊做。某小孩貌似又要破壳而出了。

喜的是谁？是某小孩的老爸和老妈。他们又眉开眼笑起来，前面的伤和痛，统统忘了的。人都是往前看往前走的不是？

你爸在愁某小孩的早饭。吃什么呢？他甚至拿了这样的问题去问他的同事，喜滋滋讨得方法回来，告诉我，同事的小孩早上也吃米饭，吃菜，规格跟中午是一样的。他准备试行。被我彻底否定。我说用得着这么隆重么？早上喝点稀饭吃点馒头包子的多实在！你提出要吃面包和牛奶。那好，就给你备着面包和牛奶吧。反正我不会特意给你弄出什么花样来。过分的养尊处优，结果养出一肥胖的呆子。老妈可不想害你。

外面起风了。这是春天最后一场寒冷吧？我却看到，一个桃红柳绿的世界，正向我们走来。

欢欢喜喜过元宵

2月28日　星期日　天气阴

元宵节呢。小城过节的气氛淡，没见着张灯结彩。只碰见一个小摊上，卖孩子们玩的花灯啥的。我的小孩，他早已不玩这个了。

风吼得急，冷风冷雨。但这妨碍不了我们的快乐。我和你爸，在家里欢天喜地地做饭，要给我的小孩，过一个隆重的元宵节。

你泛起又一轮的波浪，一路奔涌而来，水花四溅。你不是貌似，而是的确，在用功了。房内的墙上，有你新贴上的纸片儿，我看到上面写的全是“年级第一”这四个字。

天，一口吃一个大饼，你吃得下吗？笑着别过头去，不去说你。心有多大，舞台就有多大。有梦做，总比无梦好。

又开始每天制订计划了。今天你制订的计划是：读政治30分钟；读历史30分钟；做英语练习5—7单元；做数学精练两份；完成作文一篇。

你爸最是沉不住气，他从门外偷偷望你，又欢喜得手脚无处安放了。我倒是表现得相当镇静，因你的反复太多了，俺早已形成抗体了。

你爸建议你不要把时间全花在数学上。你不耐烦地说，我知道自己怎么做。你爸赶紧表态，好吧好吧，随你吧。

晚餐丰盛极了，有你爱吃的鱼，有你爱吃的牛肉粉丝，还炒了虾仁，烧了蛏汤。我和你喝了一点苹果醋，你爸喝了一点酒。你爸说，明年的元宵节，儿子，你或许已在大学里过了，我们会开车去你那里和你一起过。

你嘴角往上一飞，坏笑地看着我们说，到那时，我怎么会跟你们一起过？我要和女朋友一起过。

呵呵，我的小孩，你这话说得可一点不脸红哪。看看谁想跟谁在一起，就怕到那时，会电话来求急，老妈，快给我汇钱来。

哼哼，要钱？没门。自己谈女朋友，开支自己想办法去。当然，这是后话啦。

开
芝 麻
门

拟一份可操作的度假计划

大考过后，寒假来了。空气中，布满甜蜜的气息。这个时候，无论乡村，无论城镇，到处都是一片欢喜闹腾的景象。年，到了。

这对高三的孩子来说，是个考验。经过前一阵子的猛跑，现在，他们终于能够停下来，喘口气。节前10天，节后10天，20天的假期，真够奢侈。面对这仿佛突然从天而降的大片自由时光，孩子们一时手足无措，不知怎样消费了它们才好。他们坐到电视跟前，调看自己喜欢的节目。他们坐到电脑前，上网瞎溜。他们蒙头大睡，一觉睡到自然醒。他们伏在阳台上，看两只小鸟在光秃秃的树枝上“打架”，能一看就是半天。他们与同学相约了，一起逛街吃小吃……什么高考，什么上大学，他们现在统统不去想了的，只待过了年再说。

也曾制订假期计划若干。但那些计划，多半是躺在纸上的，无法完成。外面的热闹在招着手呢，哪里坐得住？他们有一千个理由用来原谅自己，都辛苦一学期了，放松几日也无妨。又或者，是好是孬都定型了，高考也不在乎这几天的。

一旁的父母，此时是忧心如焚，他们是恨不得孩子一天二十四小时，时时坐在桌前用功的。好言好语劝说，不听。怒斥，不听。恨不得动武了。冲突不可避免，家里又是硝烟弥漫。这时候，父母态度若过分强硬，其结果只能适得其反。父母必须退一步，找出好的办法，协助孩子，好好利用这个假期，既不破坏孩子享受假期的乐趣，又能取得较高的效率。

要做到这些，有必要帮孩子重拟一份度假计划。之前孩子制订的计划，可能很庞大。愿望是好的，他（她）希望好好利用这个假期，把各门学科都抓一抓。但事实上，这个时候是不适宜全面开花的，哪样都抓，最后，也许哪样都抓不住。因为春节的特殊性，要有一些应酬，要走亲访友，来来去去，总会让孩子分去不少心。所以，这个计划，要可操作，要有所偏向。

一、挑一些好的阅读书目，让孩子阅读。

阅读比做数学题来得轻松，来得灵活。它不分场合，随时可以开始与结束。去探亲访友的路上，可看几个章节。玩耍过后，可以捧读一番。甚至在睡觉前，翻上两页也可以。

经典名著是最可取的。因为不但语文考试要考，且阅读多了，对孩子的写作也有所帮助。

二、加强作文训练。

一个文采斐然的人，不管走到哪里，总是大受欢迎的。何况在高考中，作文的分数比例，几乎占了语文试卷的一半。有高考学者曾指出，得作文者得天下。说的是作文的重要性。然而，不怕写作文的孩子不多，他们怕的理由如出一辙，就是每写到作文，下笔如挤牙膏，脑中空空，无话可说呀。

这是因为平时训练少了。若能做到多练，灵活掌握各种题材，又做到阅读兼顾，到时不怕没东西写。所以，要让孩子抓住寒假这20天，好好练习作文。当然写法上不要太固定，可以是随笔，可以是读书笔记。目的是训练语句的通顺，全文的流畅。

三、多做一些背诵记忆的活。

因为寒假的特殊性，孩子的心，难以保持长时间的安定。所以，背诵记忆的内容，可以安插进来，零碎地进行。譬如，对英语单词与短语的记忆，对文科中的历史和政治概念、事件的背诵，对理科中的物理和化学定理、原理的记忆，等等。这样，可以做到把零散的时间，有效地利用起来，孩子也不会感到学习的苦与累。

第七辑

PART VII

无处不飞花

一股淡香

3月1日　星期一　天气阴

天气突然降温。风很大，呼啦呼啦，横扫一切的样子。风的脾气，原是极大的。

桌上的水仙花，花事过了。最后几朵，开得盛盛的，要凋谢了。我掐下它们，夹在我的小孩的书里面。我愿你一打开书，就有一股淡香绕着你。

你给自己规定的任务多，每天除掉睡觉，睁开眼睛就是做练习。我眼见着你脚边纸篓里的草稿纸越积越多。每天晚上去帮你倒掉，一路走，一路欢喜，仿佛到处都有花香萦绕。我的小孩，你这次是动真格的了！

中午午睡半小时。晚上都要到近十二点才睡，有时甚至接近凌晨一点。现在不是我们催你学习，而是催你睡觉了。

作业做累了，你会到我房内来，让我抱一下。或躺到我的床上稍稍休息一下。也只一会儿，你就一跃而起，又投入到你的学习中去了。我逗你，再玩一会儿，再玩一会儿。你很认真地回我，妈妈，不行啊，我今天的任务还有很多呢。很快，我听到你的读书声传过来。已接近凌晨了，你还舍不得去睡。我心里颇得安慰的同时，又为你狠狠地可惜了一下下：我的小孩，你若是早知道这么用功该多好啊！

我们能做的，就是尽量把你的饮食搞好。晚上我和你爸，去超市买了一堆吃的：你爱吃的牛奶小馒头，你爱喝的奶茶，我还给你买了饮料。一路之上，说的都是你，快乐地叹息。我的小孩，你这朵花，终于，要绽放了。

风头正劲

3月3日　星期三　天气阴

外面居然下雪珠了。

发现下雪珠，是从超市回来的路上。当时，我和你爸两手提得满满的，装的都是买给你的零食。我笑说，丰衣足食丰衣足食啊。

出门来，听得有人叫，下雨了！路灯下，望不真切，以为是雨，零零碎碎的。

走到半路上，你爸忽然说，不对，不是下雨，是在下雪珠。

我问，为什么呢？

他说，你听，打在柳枝上的声音，分明是雪珠的声音。

其时，我们走到一条河边，河边多柳。我侧耳听，果真，果真。那敲落的声音，还真不好形容。像什么呢？像琴弦弹至高潮处，一阵音符洒落。

我仰脸接，雪珠打在我脸上，有轻微的疼。我瞎抒情，啊，真好啊。你爸笑了，说，你真反动。

是啊，我是有点反动了，春天里下雪珠，本是让人不安的一件事。可是，我的小孩，因你的改变，我看天天好，看地地好，一切，都是好的。

你有点感冒了，咳嗽。你每咳嗽一下，我的眉头都要跳一下。送你去看医生，医生也没什么良方，无非是开点感冒药吃吃。你倒镇静得很，说，没事，没事。

你又掀起一股浪，横扫过来，风头正劲。早上六点准时起床，晚上都要到十二点多才肯睡下。还嚷着要去买什么三勒浆。那是你看的某个广告上的，说那东西特能提神。我上网查三勒浆，便看到一则笑话，说某个学生在家长的强迫下，喝三勒浆提神。他怕喝，偷偷把它倒到学校的一方池子里。池子里有小鱼若干，结果，那些喝了三勒浆的鱼，都成鱼精了，看见他，都齐齐叫，鱼爸爸。让你看这则笑话，你笑爆了，但还是坚持，在适当的时候，要去买来喝。

开学才一个星期，你已做掉数学练习55页。你说二轮复习时，你要让数学巩固到你们班无人能及的地步。

你爸被你的浪头打得有点眩晕了，他这么形容这感受，说，怎么老觉得眼前金花直冒哪！继而又不放心，他担心你不能持久。你嘴角一翘，那个不屑的动作又出现了，你回他，你懂个梦！

这次，他没有跟你再争执，竟笑嘻嘻把你的不屑收下了。

咸鱼大翻身

3月4日　星期四　天气阴

下雨，天阴沉得恨不得掉下来。厚重的窗帘挡着，还是听见风叫得凄厉。手搁在键盘上，冰凉。已收起的冬天取暖的用具，重又被取出来，全副武装全副武装。我的小孩，你的感冒还没好。

我听到你在你的小房间里吸鼻子的声音，一声，一声，重得像拉风箱。我的心跟着痉挛。你不好，我便不好。

也按时吃了药的。据你说，吃药后有反应，嗜睡。是药三分毒的，真怕这些药会伤害了你。我把它们的说明书反复看，想在字里行间找出点安慰来。

你现在的时间抓得很紧，你有好多的来不及。英语老师发的练习，你来不及做。你说英语老师现在也不问你了，随你去。你心里是一百个瞧他不起，说他不认真，从不好好备课，现在的默写也不批改了。课也讲得随意极了，没有重点，选择题一般报报答案就好了，从不讲解。有时他讲解错了，学生在底下指出来，他哦一声，说，看错了，原来是选C。这就完了。水平太臭，你最后下了评语。

一个老师若被学生这样批，该是这个做老师的最大的失败了。尽管如此，我还是批评你，不可以这么说老师，老师再不好，他的经验总比你足，你能学到他的一鳞半爪也就不错了。

你没跟我掰理儿，但从你的表情看，你是不会再听他的。

你也跟我谈了邓老师。对他，你尊重有加，虽然有些不服气他对你的态度。你说邓老师让你把做练习的速度放慢一些，他嫌你做快了，他的讲，跟不上你了。我觉得老师说得对，你现在可以放一放数学，把其他学科巩固巩固。你点头称是。

你说你这次要咸鱼大翻身。我爆笑，你从哪里知道这个典故的？只是啊，我的小孩，咸鱼不是那么好翻身的啊，光凭数学一门你能把总分拉上去吗？且数学是个不定数，如果遇到难的，不会就是不会。那该怎么办呢？

做你，也实在为难。我们还是且走且看吧。一句话，努力总比不努力好，努力了未必得到什么，而不努力，肯定得不到。

全面开花

3月5日　星期五　天气阴

天继续像害了病似的，一个劲地嗍瑟，又是风又是雨的。

你的感冒好些了，鼻子还是塞着，但情绪明显比昨天要高昂。

饭桌上，你跟我聊天，说这次二模你想考年级第一，你说你想看看自己有多大的爆发力。

现在，你觉得提高得最快的是数学，你说做数学真是一件很有趣的事。当然，也有做烦的时候，那个时候，你对自己说，忍一下，再忍一下。

政治你也找到好的学习方法。你买来一本辅导练习，上面有题目讲解，分析得很到位。你专门看那些讲解，总结出解题套路。许多过去不会解的题，现在遇到，你唰唰唰就能解下来了。你说照这样下去，最后弄个A加，都有可能。你不无得意地对我说，原来，你儿子的自学能力这么高哇。

语文你也在补，在做一些基础训练。遇到不会读的字，知道立即查字典了。一本小本子上，密密记着你写错的字，记着你背不住的古诗词。你亦很谦虚地让我出作文题你做。我立即照办，分了八个主题，每个主题各出四道作文题，自然方面的，情感方面的，时尚方面的，等等。我说，写多了，文笔自然就流畅了。你认同。

英语方面，你让我抽你背，反复抽背。以前你不肯背课文的，现在主动背课文。因为，你听王老师说，如果能把英语书全背下来，最后考试肯定没问题。

时间再不肯有点点浪费。晚饭后你去洗澡，擦背的师傅把你的预约推后了一位，你竟跟人家理论，你说是你先说的。想我文质彬彬的小孩，何时跟外人理论过啊？你说当时急啊，多待一会儿，就多浪费一会儿的时间，而你今天列下的计划就没办法完成了。

风吹来的砂

3月7日　星期日　天气阴

天又阴了。这个春天，盼出太阳成了一件顶顶急迫的事。据说全国大部分地区，又将有雨雪。我便盼着，这一场雨雪过后，会晴吧，会晴吧？

你在这样的冷天下奔波，自己去找韩教研补了数学。去百十里外的地方，补了英语。又自去新华书店，买回一套数学练习，还有一套英语听力。你自个儿在加压，这次，你是真的想咸鱼大翻身了。

我和你爸的心情，晴朗得不得了。一件事现在弄得你爸夜不能寐食不知味，那就是你的饮食问题。他说，这是件大事，过去打仗有粮草先行的说法，儿子现在认真备战，而且看势头，有越战越勇的趋势，哪能因我后勤不足，而影响儿子的战斗力呢。

于是乎，每天早上，菜场上就多了一个“挑三拣四”的大男人，他一会儿跑跑这个菜摊，一会儿跑跑那个菜摊，跟菜贩们讨论菜的搭配问题、营养问题，举棋不定。脑子里思索的只有一个问题：儿子喜欢吃什么呢？

我倒是建议随便做点什么给你吃。你也说，随便吧，随便吃。而事实上，你肉也吃腻了，鱼也吃烦了。好，咱吃青青的植物，咱都变成奶牛，吃的是草，挤出来的是奶。这比喻让我和你，笑了大半天。

中午你舍不得休息，一直在做练习。你用一小时四十分钟，做了一份数学模拟试卷。你对着答案改，得了128分。我觉得挺高的了，你嫌少，你的目标是140分。

你很疲倦。晚上在做练习时，笔握在手上，握着握着，就掉到地上了——你实在太瞌睡了。你跑到我的房间，让我陪你说话。我们跳舞，打闹，试图赶跑瞌睡。你又坚持做了一会儿作业，终于坚持不下去了，你说，妈妈，我真的想睡了。

那么，睡吧，我的小孩。我把你塞进被窝里。我脑子里蹦出白天听的一首歌，是高胜美的《哭砂》。我极喜欢其中“风吹来的砂”这一句，像某种不可言说的机缘，吹来了，就吹来了，你躲也躲不过的。

我的小孩，祝你做个好梦！

箭在弦上

3月10日 · 星期三　天气晴

都阴了这么多天了，阴得人实在不耐烦，天天仰了脖子望天，天什么时候才能拨开云雾见晴日啊。

太阳也终于在我们的仰望中，姗姗来了。虽是一副大病初愈的样子，但到底是太阳，它所到之处，都有重生的喜悦。我在楼下遇到隔壁姚奶奶，她喜滋滋说，出太阳了。我说，是的，出太阳了。

人家屋顶上的积雪，开始消融。眼见着那白，一点一点小下去，小下去。下午，我去上班，路边一些冬青树上，只残留着一小撮一小撮的白了，像绿叶上开着小白花。

卖烤山芋的在路边，袖着手望路人。我跑过去，买了三块钱的烤山芋，留着带给我的小孩吃。

你的学习，已紧张到箭在弦上的地步。昨天考数学，你自我感觉很好，从未做得那么快，一份试卷，仅花一个半小时就做完了，还留了半小时复查。你是想考年级第一的，结果，有一个学生比你多了4分，你考了142分，他考了146分。你觉得有些遗憾，在我，倒是相当相当满足了。

今天考的英语，你明显觉得难了，后面的阅读理解，你说里面只找到一个单词认识。我怀疑是你单词记得不牢的缘故。看来，英语要想考到90分，相当难。

这两天，你相当瞌睡。今晚刚过十点，你就想睡，你说你实在累坏了。我说，那么，去睡吧。你自己铺床叠被，然后去洗漱。因冷，我也想早点躲到被窝里，在你洗漱好了后，我也跑去洗漱了。等我从浴室出来，却发现你并没有上床，而是坐在书桌前，正奋笔疾书。我问，怎么不睡的？你答，现在没睡意了，趁机做一会儿练习。

天，我的小孩，你什么时候这么用功了？我被狠狠感动到了。弄得我也不好意思先睡下了，我把电脑搬上床，继续写字。

浓墨重彩

3月11日　星期四　天气晴

气温虽说还低，但是，出太阳了。植物们早就迫不及待，出芽的出芽，返绿的返绿，一派生机。我去河边散步，那里的柳已绿丝飘荡，如烟如雾。要来的，自然会来，这是规律，谁也挡不住。就像，春天的脚步。就像，我的小孩的长大。

你的学习现在到达无比自觉的地步，这是我做梦也没想到的。你有较强的自制力，你的同桌严贪玩，新买了MP5，你觉得现在还玩这东西，实在不可思议。你“没收”了他的，带回来，交给我保存。你说，等高考结束了，再还他。你要他一心一意好好学习。你甚至建议，把他也带到王老师那里去补英语，因为他的英语也不好。

你这种做人态度，让我既欣慰又担忧。欣慰的是，你对朋友的赤诚，几乎是把心掏出来给对方的。担忧的是，这样的毫不设防，容易受伤害。当你被朋友背弃时，你会痛到骨子里。因为，你把心交出去了，他若伤你，肯定是伤你的心。当心受伤了，用什么可以医治呢？其实，再好的朋友，也要有点距离，在距离里，彼此都留有余地，太满太近，容易灼伤彼此。

我和你爸，去请帮你补数学的韩教研吃饭，韩教研对你赞不绝口。当然，我知道人家在我们面前，肯定会说好话的。不过，你最近的表现，确实令人感动。每次去问韩教研数学题，都会捧一叠做好的题去，把韩教研吓一大跳，他说，从来没见过哪个孩子像王潇这般认真，一个星期做那么多题。

我的小孩，你知道么，听了这话，我和你爸，比吃了什么山珍海味还开心还幸福，只管嘿嘿傻乐。虽然最后的结果未必如愿，但，有这个努力的过程，给你将来的回忆，也能留下浓墨重彩的一笔了。

不过，你的英语还要加强训练，这次测验，你得了78分，离你的目标90分，还有12分的差距。

夜又深了，你还在用功……

武大很美

3月12日　星期五　天气晴

这才是春天的样子：暖阳。暖风。彩色的空气。轻装走动的人。

忽听到楼下有歌声。我跑去阳台上张望，看到一残疾人在卖唱，他坐在一辆四轮车上，被一人牵拉着。歌唱得真不错，不比原唱差。我转声叫我的小孩，我说我们给点钱吧。你说好的。你拿了钱，跑下楼去给那个歌者。我觉得，他凭本事吃饭，是有资格得到这份报酬的。

下午，和你爸一起去家具城看家具。家里要淘汰一批旧家具。你爸骑着自行车载着我，真是阳春三月好风光哪，风和日丽，万物萌动，空中不时飞过快乐的喜鹊和燕子。你爸聊发少年狂，他很可爱地挥起一只手，跟草地上的喜鹊打招呼，嗨，喜鹊，你好。我呢，很想立即躺到草地上去，什么也不做，就晒晒太阳，吹吹风。当然，旁边最好有我的小孩陪着。

你新换了一件外套，又明亮又精神，看上去，是个很帅的小伙子呢。

继续苦学。你说要让小看你的人，都要吓一跳，特别是你们班主任，他是那么小瞧你的数学。我听了在心里发笑，原来，对别人如何看你，你是介怀的。原来，你也有不服输的时候。

我们谈论得最多的是你考什么学校。你最近对武大很向往。你在一份高校小册子上，看到对武大的介绍，说武大是中国最美丽的大学。你立即被它迷人的校园吸引了，兴致勃勃地考我，妈妈，你知道中国最美的大学是哪所吗？未等我答，你迫不及待说出答案，武大啊。武大很美，有条樱花道，路两边全是樱花，你向往地说。

我的眼前，便飘过无数的樱花。我想起日本电影《情书》里的情节，渡边博子给女藤井树写信，信中有句无比迷人的话：路边的樱花已含苞，不久我这里，将呈现春的景象。

我要考武大！你宣布。

哈，看你移情别恋的，恋来恋去，没一个固定的。是不是明天又看中别的什么学校呢？——当然，咱现在有的是底气，对不？

再过两个多月，你将结束噩梦了，我们也将结束流浪生活，回到自己的家里去。从你读初中起，为方便你上学，我们就在学校附近租房住。这一住，就是六年。自家的房一直空在那儿，想想，我就委屈得很了。不过，咱的小孩现在这么乖，我的委屈便一扫而空。

现在每天早上，都给你煮一只白水鸡蛋吃，这是王老师的建议。他说他儿子高考前，一天一只鸡蛋，可以增强记忆。你喜欢吃小馒头，每天早上蒸八个，小点心一样的，你吃得一个不剩。

体检

3月15日　星期一　天气阴

今天的天，阴着。天气预报说，有雨。一场春雨一场暖呢。再来两场雨，乡下的菜花，将开得轰轰烈烈了。

鸟多，在楼下人家的树上叫得欢。你爸下班，一路的鸟叫伴着他回家。他这样形容给我听：一只鸟在路北的树上叫，一只鸟在路南的树上叫，谈情说爱呢，叫得人心里痒。

呵呵，这个“痒”字，用得多生动。春风一吹，一切的生命，都开始“痒”了。我的心里长出触须来，向着外面的世界，无限地，无限地，蔓延开去。真想去旅游啊。

然，走不了，我的小孩正在人生的关键路口呢，要妈妈陪着。

高三学生体检。是从学校走着去医院的。一下午，你们就干这事了。五点多返回，一回到家就大嚷，今天太热了。我一看你，哎呀，衣服全湿了，额上也冒着汗。原来，老师让你们小跑步的。我的天，这一路跑下来，还不大汗淋漓啊。

你的体检一切正常，这让我欣慰。不过，你班有一个学生体检出问题了，说是心率哪儿有毛病。那学生后来打电话找父母，不见了。你很担忧地说，不知他现在怎样了。

体检中发生趣事两件：

之一，在医院那儿闲得无聊时，你和严一起伏在楼上阳台上看美女。看得眼花缭乱。你说，医院那儿的美女真叫多。

嗯？我的小孩，终于长大到可以欣赏美女了？

之二，全身体检时，一进房间，候着的医生，眼皮也没抬地，从嘴里挤出四个字来：一丝不挂。

有同学问，袜子可以不脱吗？

医生嘲笑，还高中生呢，一丝不挂这个词都不懂吗？

你们羞愧得赶紧全部脱光。有脱得慢的，医生就“恐吓”说，谁脱得慢，我就帮谁检查得仔细一点。哎呀，此话一落下，你说你们那个忙乱啊，有脱不及的，干脆内衣外衣一齐扯。

呵呵，那场面我可以想象得出的。那个促狭的医生，可真够促狭的。但愿他没有小孩要体检。

你虽累得不成样子，但还是很快进入学习状态，跟我“汇报”完，赶紧进房间做作业。

对前途，你一会儿信心十足，一会儿又不自信了。你很担心自己的分数达不到本科分数线。这种担心，是你理应承担的，那么，你就承担着吧。

你花一个小时，完成了一篇作文《绿色生活》。我大略看了看，开头不错，中间不错，就是结尾有些仓促了。

比起从前来说，你的进步太大了。一个人当他神思如涌时，那是关也关不住的啊。我如此说时，你不无得意地说，那是，那是。

听　雨

3月16日　星期二　天气阴

下雨了。

在雨里，慢慢走。听雨在伞上，细碎地敲，是极有意思的。你可以想象，那是一些小手在敲打。孩子的手。

雨是多面手。敲在叶上，落在地上，掉在屋檐上，那声音，绝对是不一样的。古人喜听雨，造了亭子叫听雨亭，造了楼叫听雨轩。

其实，若喜听雨，哪里用得着选择地点？随时随地，都是欢唱的。站着听，躺着听，坐着听，走着听，人多的地方听，人少的地方听……都可以的。

我踩着水洼。有时不踩。我就这样慢慢走，听那些小手敲在伞上，敲在心上。一些人，一些事，在心头慢慢平复。

突然想林黛玉是喜欢听雨的吧。潇湘馆外，那一竿竿竹，是最能盛住雨声的了。她不喜欢李商隐的诗，独独对一句“留得枯荷听雨声”情有独钟，原是应了心头的孤独。我却不喜欢这句，这句幽怨气太浓。繁华去尽，只剩凄凉。我的小孩，你一定要记住，人生不要那么凄凉，自己要给自己一点儿灿烂。如果一个人连自己都不爱，怎么去爱他人，爱这个世界？

雨中，竟有卖瓜叶菊的。碎碎的花，缀满小盆子。是老人拖着拖车在卖。风雨里，那些花，给人极明艳的感觉。

忍不住想一想那个老人，他年轻时，说不定何等的风流倜傥呢。

有一颗爱花的心，多好。

我给我的小孩买一盆瓜叶菊。这两天，你的状态不好，晚上一过十点，你就瞌睡得厉害。你很苦恼，你让你爸给你去买什么三勒浆。我没同意。我不信广告里吹嘘的，若好，它用得着那么费劲地广告么！你只好泡浓茶喝。

但愿这盆瓜叶菊，会给你带去不一样的明艳。

大调整

3月17日　星期三　天气阴

妈——

你今日傍晚放学，一回到家，就这样大声叫我。我有一计划，你说。

我从电脑前转过身子，看你。我说，你说，什么计划？我的表情，应当异常生动。一般倾听你说话时，我都是这么生动。

你的计划，就是今天决定彻底放松，吃过晚饭，让我们陪着去散步，然后回家，倒头就睡，什么事也不做。妈妈，你说好不好？你眼睛灼灼地问我。

怕我不同意，你把理由迅速说出来，说近十天来，你的状态都不算好，没感觉到任何进步，反而倒退了。你说这样不行，得调整，得大调整，于是有了这个计划。

我的小孩，这样的好事，妈妈怎么会不同意？一张一弛乃是文武之道，这些日子，你太紧张了。

我丢下所有，陪你聊天，一边等你爸下班。

我们准备晚餐，我特地加了两个菜，螃蟹，和你喜欢的紫茄荚子。

说说笑笑吃完，我们一起出去逛。你到底去药店买了什么三勒浆。后来我们去了市民广场。广场很静，只有我们，还有风。

夜晚的沿河公园，美得像童话。你感慨小城变化真大。是啊，一些地方开发了，你关在教室里，是一点儿也不知道的。

我给你念一段经文，我不知怎么特别喜欢这段经文：

一个旋转的中心

上面轮回春夏秋冬

一个长满皱纹的传说

反复歌唱

反复低吟

白山过来了

黑水过来了

……

逛一圈回家。我亲爱的小孩，你睡吧，睡吧。

太阳好得很春天

3月19日　星期五　天气晴

太阳好得很春天。阳光下走着的人，仿佛都穿着白色的羽衣。门前路上，卖桂花糕的男人，推着他的小摊儿，慢悠悠在走。这俗世的庸常，我是喜欢的。

你放学归来，买两块桂花糕，你吃掉一块，带一块给我。这让我觉得非常非常幸福，我的小孩，是把妈妈放心上的。

经过前天的大调整，这两天你的状态好些了，每天的任务，又开始张贴到墙上了。我还意外看到，你不知从何处，找来了关于武大的图片资料，不声不响地把它贴在墙上，一抬头就能看到。想你疲惫的时候，要懈怠的时候，一抬头，眼睛撞见武大美丽的校园，心里一定有个声音在喊：等着我，武大！

乡下有人用易经算命，据说很灵验。你爸瞒着我，偷偷去了，找那人给你测算。那人给了他一道符，他奉若神明。早上风大且寒，他一个人开着摩托，悄悄去寺届里替你上香。冻得够呛！回来后说给我听，我听得眼睛直发酸。这么一个大男人，接受过唯物论教育过的大男人，是个无神论者，那么不在乎所有，却不能不在乎他唯一的孩子！

我问他，你怎么也信这个呢？

他低头笑，也不信的，有且当作无吧。帮不上儿子别的什么忙，就尽自己所能，帮儿子做点事。

我鼻子发涩，再也说不出话来。

我的小孩，现在我们唯一的愿望，就是你能尽自己的努力，实现你的梦想。

做娘的心

3月22日　星期一　天气阴

最近的天气，恶劣得厉害。沙尘暴啊，干旱啊，地震啊，人类，到了该接受惩罚的时候了。

可是，活着的，还得努力活着，不管你愿不愿意，你都得朝着，既定的方向奔去。

就像你的高考。

这真是令我头疼欲裂的事情。看着你整日里学得昏昏沉沉，我只能干着急。没办法，没办法的。也只有，搞好你的伙食，除此，帮不上什么忙了。

今日，你有些小头疼。估计这冷热不定的天，又把你忽悠感冒了。中午午睡时，你睡得不好，说是被楼梯上的响声吵醒的。这是幢老式居民楼，楼梯是共用的，上上下下，人来人去。稍有响动，楼上楼下都听得见。我守在门口，恨不得对每个上楼下楼的人说，请轻点，请再轻点好吗，我的小孩在睡觉。

然，这是不现实的，别人有别人走动的权利。我们只能将就一点，忍耐一点。等你高考结束，我们立即搬回自家房子去。

下午你去上学，是蹙着眉头走的。于是一下午，我都心神不宁着，怕你在课上头疼加重，怕你瞌睡。直到你放学归来，远远望见你橙色的衣，一跳一跳走进我的视线，我才长舒一口气。

问你，没觉得特别不舒服吧？

你说，还好吧。

一句还好，终于让我的心，归了位。我的小孩，你的一切，都牵动着我的每一根神经哪。

给你蒸了鸡蛋羹吃。好久不吃鸡蛋羹了，你觉得很可口，吃了不少。一边告诉我，后天开始摸底考试（各学校自己出的试卷）。摸底考试后是联考，也就是二模考试。

知道不，做娘的心，立即又提到嗓子眼上了。不是怕你考不好，而是怕这两场考试，给你带来伤害。因为，你对它们的期望，实在太高了。

不要错过每一场花开

3月24日　星期三　天气阴

很想去外边走走，我关心着油菜花有没有开。

我关心的，不止油菜花。

今天我在课上，给我的学生出了一道题，我说有谁能说出，我们这个校园内，到底有多少种花？学生们面面相觑，自然是答不上来的。我于是说，知道西阶梯教室后，有一棵榆叶梅吗？现在，开了满树粉红的花。知道我们教学楼旁有棵结香吗？现在，淡黄的花，缀满枝头。知道办公楼前的草坪旁，鸢尾花已冒出绿绿的叶吗？还有月季，还有虞美人，还有太阳花。学生们闻所未闻见所未见，拿眼瞪我，他们从来不知，身边有这么多的花，在默默开，默默谢。有个成语叫熟视无睹，这可算作最好的注解。

后来，我问他们，眼睛长了是干什么用的？学生们齐答，看。我说，对，看，是用来看这个世界的，所以，不要错过每一场花开，辜负生命的美。

于是我想到我的小孩，你也看到花开了吗？

你哪里来得及看？每日里，你看到的，除了书本，还是书本。

却越学越迷糊。原有的信心，随着这变化多端的天气，消失殆尽。你总是问我，假如考不上，怎么办呢？

我说，尽力吧，无论好的，无论坏的，妈妈都会替你收下。

你并不因之释然。

小感冒了一下，吓出我和你爸一身的汗。你爸因此忧心忡忡，他吃不香睡不好的，一个劲叨唠，儿子又感冒了，不知会不会没事。

今日，他在所里值班，深夜跑回家看你。看你睡得很安稳，他才稍稍心安。

真正的春天，迟迟不肯来

3月26日　星期五　天气晴

气候反常，真正的春天，迟迟不肯来。

不过，植物们却不管不顾的，该绿的，它自会绿。该开花的，它自会开花。绝不含糊。

我的小孩，你若真是一株植物，该有多好。那么，你只要按着时令的顺序，长长叶开开花就好了。

学校的摸底考试，你考得一团糟糕。尤其是英语。你说考英语时，你都差点坚持不下去了，你说满张卷子，你认识的单词很少。

以为数学能打翻身仗的，偏偏你最拿手的数列，你也做不起来了。你一回来就安慰我，妈妈，下次，下次我一定考好。

说不难受肯定是假的。是的，我的小孩，我很难受。为什么呢？为什么会这样呢？

这次考试对你爸的打击，简直无以复加。他半夜睡不着，默默坐床上叹息。他说你这潮涨潮落的，搞得他的心脏真的承受不了了。

你倒是沉着得很，你说，失败乃成功之母。

我当然知道这个道理。只是我的小孩你知不知道，不是所有的失败，都能通向成功的啊。

晚，你有个女同学过生日，请了你和另几个同学参加。你买了小礼物，欢欢喜喜参加去了，全然不记得试没考好那回事的。

也罢，快乐最重要。

英语口语测试

3月28日　星期日　天气晴

感谢今天的好阳光，我给你洗了床罩和枕头套，还有靠垫。我喜欢闻衣物上散发出的肥皂的香气，尤其在阳光的发酵下，那香气越发的浓郁。

我不知道你今天有英语口语测试。

别的家长早在几天前就知道了，他们托了种种关系，找到测试的老师，拜托关照。

你们邓老师打电话告诉我时，我正在阳光下拍打你的被子。那个时候，你大概已走进测试的考场了。他用十分严肃认真的口吻说，王潇今天英语口语测试你知道不知道？口语测试很重要，若得不到A，一些重点大学录取就会成问题。

我有些慌了，我的小孩，这么大的事，你为何没告诉我呢？

也只能等你回来。

你回来，没事人似的。我也只好以平淡的口气问，口语测试了？

你说，啊。

怎么样啊？

还能怎么样啊，你回。

我只听见我的心，咚咚咚直往下掉，底下是黑咕隆咚一片。

你瞧着我紧张的样子，“扑哧”笑了，你说，你还不相信你儿子？我的口语那叫一个流利啊。我一进去，才说了几句，测试老师就跟我挥挥手，连说了几个OK。

就凭你那英语水平？我难以置信。

这世上，出乎意料的事情，多了去了，你说。说得我有些惭愧了，我大概也犯了从门缝里把人看扁的通病。

明天二模考试正式开始。你在家复习，很轻松的样子，亦有心思到网上下载了音乐听。我几次话到嘴边，想提醒提醒你，千万不能大意失荆州啊。却怕扰了你的兴致，影响了你的情绪，反而适得其反。

我的小孩，说句实在的，有时候，我真不知拿你怎么办。老人们讲，船到桥头自然直。我希望是如此吧。

上帝的礼物

3月30日　星期二　天气阴

傍晚起，小雨。天空灰灰的。楼前的那条东西路上，来来往往的人，依旧来来往往着。尘世奔波，莫不是为了一饭一食，一屋一榻。

我的小孩，你的奔波是为了什么？你跟我聊，不是为了将来的工作，而是为了上大学。仅仅，是为了考进大学。

我问，那又是为什么呢？

你说，从小到大，看到很多描写大学生活的文章，大学生活是那么自由，那么丰富，想干什么就干什么。

你充满幻想地说，等我上了大学，我天天上午在宿舍睡觉。等我上了大学，我天天下午去打球。等我上了大学，我昏天黑地写小说，一天写一万字。等我上了大学，我立马去谈个女朋友。你想象着那场景，妈妈，到时我把她的照片传给你看。你一看，哎呀呀，我的媳妇这么漂亮啊。于是乎，你乐呵呵地同意了。你说到这儿，自个儿乐得不行。

我也跟着哈哈哈。大学生活在你的展望里，像个巨大的水晶球，闪着神奇而神秘的光芒。也只有等你真的进入其中，触摸到它的丝丝缕缕，你方才明白，现实是现实，梦想是梦想吧。且人生都是一段一段的，结束掉一段，意味着另一段开始了。从俗吧，我的小孩。

二模考试也终于考完。你发挥正常，会做的，全做出来了。不会做的，当然全没做。你告诉我，这次你考出的结果是怎样的，高考的结果，基本就是怎样的。我没表现出多大的情绪波动，好如何，丑又如何？已经这样了，还能怎样？只能接受吧。何况，眼见着你活蹦乱跳，开朗乐观，多好啊。别整出个忧郁症来，那才真叫麻烦。

人，还是知足一点儿吧。上帝把你赐给了我，你就是我得到的最好礼物。

感谢上帝！

春天徘徊不前

4月1日　星期四　天气阴

雨，三四点。气温跌落下来，春天徘徊不前。可是，我分明瞅见两棵小樱桃，开了满树的花。我停住脚步，屏住气看它们，心里满满的情绪。说不清的，满满的。

同事们一坐下来，就是热议最近发生的一件事：一昔日同事因过失犯错，受到严厉处分。他们嘻嘻哈哈说着那个人，神情里，多有不耻。我吓一大惊，怎么可以这样？不管如何，那是与我们朝夕相处的同事啊！你不同情可以，至少要做到不冷嘲热讽。

我拿此事教育我的小孩。我说，儿子，将来不管发生什么，你一定要记住一点，要凭自己的良心说话和做事，不要落井下石，不要乘人之危，不要幸灾乐祸。嘲笑别人和诋毁别人，都是相当可耻的事。

是的，我们管不了别人，但我们可以管好自己。善良，是做人的底线，永远不要丢。

你点头应允，你说放心吧妈妈，我不会学坏的。

你何止不会学坏，你还善良得过了头呢。中午一回来，你就跑到我跟前。妈妈你看，我只穿了这么多，你掀起你的衣领子让我瞧。我一看，大惊失色，这么冷的天，你只穿了一件保暖内衣。

我问，你的羊毛衫呢？

你轻描淡写说，脱给同桌穿了，他穿得太少了，嫌冷。

你不冷？

你假装坚强，说，还好还好，比他暖和多了。说完过来搂我的脖子，说那件羊毛衫，严穿着很合身，你打算送给他。天，那件羊毛衫是过春节时才买给你的，花去好几大百呢，你就想送给人家了。

但我，忍着没说你，只让你快快找衣裳加上。你这种为了朋友，什么都舍得的心，我是同意的。对朋友，就应该这样，在他最需要的时候，给他温暖。然，我又的的确确怕你受伤。人心难测，世事难料，等你再长大一些，你自会明白。为这，我不知是该庆幸，还是悲哀。人越是成熟，也就离原来的纯真越远了。

你跟我聊学习的事。这次的二模考试，你考得不错。同桌严比你考得差，邓老师却还是小瞧你，他批评严，用的是这样的话，看，人家王潇比你考得好。言下之意，严一定比你好。这让你极受伤，你发誓要出这口气。

我在心里乐，受伤真好，受伤了你才知道疗伤，有疼痛感，也才知道努力。

一树一树的花开

4月3日　星期六　天气晴

春天，以倾盆之势，铺展开来。尽管天气阴晴不定，尽管气温乍暖还寒，一些花儿，却各以各的姿态，绽放着。我走过那些花旁边，总要放慢脚步，仿佛就听到一树的笑。是的，花在笑。笑得满脸绯红，或粉白。

一树一树的花开，不用用眼看，单单念念这个句子，就足以教人陶醉的了。

易感的人会叹，花开不多时。而我想的是，开总比不开的好，尽管有的灿烂，只是一瞬。然它完成了生命的精彩绽放，才算是无憾的吧。我们的人生何尝不是如此？都曾有过热烈，也许只是惊鸿一瞥，可是，在生命底色上，那样的灿烂，会照耀一生。

我的小孩，我也愿你的人生，有这样的灿烂照着。

你今天考了三场试，上午一场，下午两场。从现在起，每个周末，你都要考试。所谓久经沙场，就是这个样子的。

我问，考得怎样？

你答，就那样吧。

——因为多了，也就平淡了。

数学的感觉，没有从前好了，你好像找不到前阵子的感觉了，觉得数学掉下不少。

我帮不了你，一切，你自己安排着吧，我姑且听着，也只能听着而已。我守在这里，守着，一步也不敢离开，怕你回家，找不到我。因为，你习惯了一回家，就叫妈妈。而后跑到我身边，叽叽喳喳半天，学校的事，你的事，包括，现在的梦想。

你现在的梦想，是上这所大学那所大学。一会儿想上武大，一会儿又想上厦大，你简直没了主意。高考填报志愿的那本小册子，不知被你翻了多少遍，你不断比较着各类大学，又推荐了让我看，要我提前做准备。我笑了，我的小孩，大学想是想不来的啊，一切要到最后看分数才能决定，这是很残酷的现实。

你说，奋斗了这么多年，就是为了上大学啊。你说，妈妈，我想上大学啊。

我说，我也想啊。

可是，能想来么？答案是：不能。你只能老老实实，埋下头来好好读书，准备迎接最后那场大考。

这一说，不过还剩两个月的时间。

晴空万里

4月6日　星期二　天气晴

晴空万里。今天。

事实上，今天天阴着，风很大，气温陡降了十来度。这个春天，是这么让人惆怅。

但在我们家，今天就是晴空万里：

一、你老爸今天生日。

二、某小孩今天知道了考试分数，考得没有想象中的好，但还行，很轻易地在班上弄了个第一。

看到第一就高兴，不管它是矮子里头数将军，还是山中无老虎，猴子数霸王。总之，第一就是好哇。

某小孩信心又十足起来。距高考还有60天的时间，某小孩决心把总分提50分上去。

天哪，50分？是多大的一堆儿啊。哎哎哎，别吓老妈啊。

某小孩又击起浪花一朵朵，咬牙硬是喝下难喝的三勒浆，提神！提神！喜得某小孩的老爸嘴又合不拢了。

某小孩还挺细致的，买了一本汽车杂志给老爸当生日礼物。这真是投其所好啊，没见他整天看车看车么。某小孩感叹，哎，真可怜，老是看，又买不起。

告诉某小孩，不是买不起，而是要考虑到你啊。你若一切顺利，不用我们多花冤枉钱，我们下半年立马去买一辆小车开着玩。如果你不顺利，上学要我们用钱买着上，那就另当别论了。所以，某小孩一定要明白，爸爸妈妈的幸福，全系在你的身上。你一切顺利，就是对我们最大的回报。

不管它吧，我先感谢某小孩吧，感谢某小孩最近让我少操心，少生气。瞧瞧，我的气色都好了不少，今年二十，明年十八。

无处不飞花

4月7日　星期三　天气阴

气温一会儿升，一会儿降，天气像抽了风。

且不管它吧。春天还是很春天了，无处不飞花。

我真喜欢“无处不飞花”这种说法的。路边的夹竹桃开了花，每个花苞苞都饱胀得恨不得掉下来。还有一些小野花，米蓝米蓝的那种，秀气得很。我的小孩，想你每天走在鲜花簇拥的路上，我真是高兴。

你没有时间去留意那些花，高考逼近，你的大脑里，全是那些语数外了。

再不用催促，潇潇，你快去做作业啊。再不用让我们焦急，潇潇，你怎么还在磨蹭啊，你磨蹭什么啊？

饭碗一丢，你自去房内做练习。中午只睡半小时，掐得很准。晚上都到十二点往后，才肯去睡。前几天还喝那三勒浆啥的，现在不喝了。心内紧张，精神集中，比什么提神药都管用吧？

也累，但自我控制还行。每每累了，你会跑我房内来，在我的床上伏一伏，或是让我抱一抱，只一会儿，又去做练习了。

你爷爷奶奶今天来了，家里一下子变得有些拥挤。我起初有些担心，会不会影响你学习。结果证明，不影响。你根本没时间理会身外的人和事。

我在想，度过这个春天，便好了。下一个春天到来时，我的小孩，你在哪里呢？是不是如愿地走在某条樱花大道上？

小　劫

4月9日　星期五　天气阴

天气还是这等的让人郁闷，想望中的春天，迟迟不来。

你那里，却呈现出一派桃红柳绿的景象。你房间的墙上，新贴上一张小纸片：武大，等着我！依旧是淡蓝的底子，上面几个瘦长瘦长的字。那每一个字，在我眼里，都像伸长的花瓣啊。我和你爸，看不够地看。我的小孩，你让我们的眼睛，又湿润了一回。

每晚，你都要温习功课到十二点，早上起床提前到五点半了。

谁承想，在这个节骨眼上，你和我都会食物中毒了呢？也是我的大意，昨天中午，你奶奶说要包饺子吃。我想，我的小孩也是喜欢吃饺子的，于是欣然同意了。饺子馅里，放了些海货，这是你奶奶包饺子的习惯。她家世代生活在渔村，对海货，有着骨子里的喜欢。可能是那些海货的缘故，我们吃后，都有了反应。

我是昨晚有感觉的，老觉得胸口闷，很不舒服，早早上了床。你是早上起床后，连续呕吐，然后就像只病鸡似的，倒下了。

上午，你睡在你房里，我睡在我房里。下午，我们一齐去医院挂点滴。一条人行道隔着，我躺在这张床上，你躺在那张床上。我们不时对望着笑，觉得有趣。我想起多年前，你不过四五岁，也发生过类似的事，你和我同时食物中毒。医院里，我在这张病床上，你在那张病床上，看着你打点滴，我哭得稀里哗啦。现在好了，你大了，打点滴妈妈也没当初那种痛不欲生的感觉了。反而是我有些怕，你安慰我，不疼的妈妈，不疼的。我的小孩，你已长大到能承受生命中的一些疼痛，且笑对这些疼痛。

晚上，我俩的身体都没恢复。你看了两页书，早早睡下了，连洗漱都免了。想着，歇歇也好，这几天，你也够累的了。

只是心疼你那个梦想，一抬头，就看见你手写的几个字：武大，等着我！

但愿明天起床，你会一切都好起来。

晚安，我亲爱的小孩！

康 复

4月11日 星期日 天气阴

我一直在等，等真正晴朗的天，去看菜花，去问候春天的植物们。

天气比我更有耐心，它总是反反复复，复复反反，使这个春天的等待，变得漫长。

可是，植物们不等的，什么时候该做什么事，它们有条不紊着。慌张的只是我们这些看客们，呀，怎么几天不见，桃花就开了呢？怎么太阳还没真的暖起来，菜花就铺天盖地了？

总是在不知不觉中，光阴流失。总是在不知不觉中，青春，日行日远。总是在不知不觉中，有的人来了，有的人走了。我的小孩，你也只能被时光的河流，挟裹着一路向前，听得见高考的钟声了，当当当地，一声比一声急促。

休息了一天一夜，你恢复了健康，早上去学校考了语文。据你说，这次作文容易，是你平时练过的，你根本没动脑子想，就唰啦唰啦照搬上去。这给你节省了不少时间，你可以不慌不忙地复查前面的基础知识，——看来，平时的预备与积累，还是顶顶重要的。

下午你去找韩教研补了数学，带了一叠问题去。你说，收效很大。

我们关心的是你的身体，餐桌上观察你的胃口，发现你吃饭已正常。你自己形容，已是生龙活虎的了。这真让我和你爸高兴。

这次小劫，给我们提了醒，过鲜的食物，坚决不能让你碰。

你外公不放心，很晚了还打来电话问候。你姨妈和舅舅也问候了你。瞧，关心你的人真多啊。

下了一天的雨，这鬼天，真让人诅咒呢。可好的是，我们都好起来了。有什么比我们都好着更好的事呢？

又遇小劫

4月13日　星期二　天气阴

不提天疯了，不提这越来越让人失望的气候，今年注定是没有春天的。

你又病了，腹痛，腹泻。

是在中午，放学归来，你捂着肚子，跑到我跟前来，叫着，妈妈，我肚子痛死了。真是吓我一跳。

你爸外出学习，要近一周呢。平时家里的事，都倚仗了他的。还好，我只是稍稍惊慌了一下，决定饭后送你去输液。

我们去了一个看起来环境不错的社区医疗点，一个看起来颇让人信任的老医生，给你把了脉，开了方子。我又犯了以貌取人的错，我以为年纪一大把，看上去又慈眉善目的，这样的医生，一定经验丰富，看你这小毛小病，还不是手到擒来？所以，我看你顺利地打上点滴了，心里可真叫轻松啊。想着，两瓶点滴下去，我的小孩的病就会好起来。

点滴打完，回到家近四点了，你怕掉下太多的课，执意去了学校。我目送你走远，心想，应该无大碍了。我打开电脑，开始安心地写稿。谁知才过了一会儿，我就听到楼梯口有沉重的脚步声，心当即往下一沉，想，不会是我的小孩吧？还没等我想完，你已推门进来，腰弯得像只虾，你说，妈妈，肚子痛得厉害，比先前更厉害了。

这还得了，我当即决定送你去医院。出门，拦车，载了你去。其实，医院哪里值得信任呢？我都不懂他们会看什么病。你去了一趟，他们慢条斯理地问了问症状，然后让抽血化验，化验好了，他们也没说出个所以然，于是我们又回来了。

我没法，把你的症状输入百度，然后查了查，原来是急性胃肠炎。

我跑去药店，买了这方面的药给你吃。你安静多了。

晚上，本是安排你早早睡下的，但你舍不得睡，捧了我的电脑小桌子，伏在床上做练习。咱有病，也不能把功课落下的，对不？我感动得鼻子有些酸酸的了。

菜花开得还很烂漫

4月16日　星期五　天气晴

天放晴了。

天也终于放晴了。

菜花开得还很烂漫，无心无肺似的，只管把那热情一路撒了去。这样命贱的花，直到把整个春天都点燃了，才肯作罢的吧。我以为，哪里的春天，若没有菜花，这个春天，实在就孤独得有些不像话了。

我上班的路上，围墙根，不知哪里落下的青菜种子，现在居然冒出一朵一朵的黄。因养料不足，那些黄花，有些瘦。可是，它的艳丽，一点不让其他花朵，远远就能瞥见它。我来来回回，走过好多趟了，每次都看到它在开。终忍不住了，掐下几枝来，插到家里的花瓶里，让它灿烂在我的电脑旁。

你外公说，家里的苹果树，正在开花。我追着问，好看么？你外公说，好看，红红白白的。又补充一句，梨花也开了，菜花多得数不尽。

心痒，想去。但牵念着我的小孩，我移不动脚步。

某小孩吃了我到药店开的中药，肚子不疼了。今天恢复得不错，神气活现的。

饮食方面，妈妈现在特别限制某小孩，只吃清淡的。早上和晚上，都喝稀饭。中午的菜，也仅限于用白水煨鲫鱼。还好，某小孩对白水煨鲫鱼百吃不厌。

某小孩的学习状态亦跟着恢复不少。今天晚上，虽然很瞌睡，但某小孩硬是撑着，坚持坐在书桌前用功。我拉某小孩一起看开在瓶子里的菜花。我给某小孩削一只苹果吃。我们一起唱歌。我们一起说那个歇后语，困难如弹簧，你弱它就强。咱偏要强过它！

想这学习的苦，某小孩还有得受呢。中国不是有句古话么，活到老，学到老。望望前路，妈妈都替某小孩累得慌。

没办法，走一程算一程吧，先把眼下这一程走好。

芝 开 麻 门

全面开花与重点突破

新年过后，寒假宣告结束，上学的孩子们，又迎来新学期。

此时的高三孩子，已在心中唱起了毕业歌。但因为新年，这个新学期对他们来说，还是有崭新的感觉的。高考虽是指日可待，他（她）却没那么急躁了，觉得一切从头开始，还是很有可能迎头赶上的。于是又激情澎湃起来，热血沸腾起来，决心好好大干一场。新的一轮冲刺，呼啸而来。

梦想重新贴上墙，每日里抬头相见，心里一千倍一万倍对自己说，等着我！从此，他（她）每日里晚睡早起，恨不得把一分钟掰成两分使，书反反复复地背诵，习题做了一套又一套。

做父母的终于可以松一口气了，不用整日里为了学习的事，跟孩子做斗争了，不用整日里再在孩子耳边叨叨不休，你要用功呀，你要好好努力呀。与孩子的关系，前所未有的融洽。

这个时候，作为父母，在为孩子感到欣喜的同时，也不能大意，要注意以下几个方面：

一、孩子的情绪会有反复。

怎么形容呢，他们的情绪，有点像起伏的波浪。一浪过来，浪花四溅，雄壮得不得了。但也只能维持一会儿，它就慢慢消减了热情，消退下去。接着，新一轮波浪，又涌过来了。

孩子也是这样的，他（她）的情绪时高时低，波浪起伏。当孩子情绪高涨的时候，你要给予肯定和赞赏，以使他（她）高涨的情绪，能够维持得久一些，再久一些。当孩子情绪低落的时候，你要给予最大的理解和安慰。你的安慰，或许不能从根本上帮他（她）什么，但至少让他（她）觉得，有你在身边支持他（她），他（她）不孤单。

二、这个时期孩子的学习，应该全面开花。

孩子平时的学习，很难做到均衡。因兴趣爱好的不同，他们对待各学科的态度也就不同。他们喜欢的学科，花在上面的时间要多一些，他们会主动去做一套又一套的练习，乐此不疲。而他们不喜欢的学科，花在上面的时间，则少之又少，能避免不去碰的，他们尽量不去碰。这对最后的高考，相当不利，他（她）会因某门学科分数偏低，而与梦想失之交臂。

所以，在最后这个冲刺阶段，孩子绝对不能再发生偏科的现象。学得好的学科，练习可以少做一些，把匀下来的时间，分配到那些薄弱学科上去。把能提升成绩的空间，尽量填满，做到全面开花。

三、寻找突破口。

在做到全面开花的同时，孩子还要讲究重点突破。有时搞题海战术，重复做题，很难得到提高。要在短时间里，取得较高的学习效益，就必须寻找到一个突破口，让他（她）的攻克，有个明确的方向。譬如说，可以集中全力，攻克作文关。

四、要掌握学习的方法与技巧。

下蛮劲不等于出效率。有时，孩子拼命用功，收效却甚微。这里就涉及方法和技巧的问题。掌握了学习的方法与技巧，往往会事半功倍。反之，则事倍功半。

这一阶段，正是孩子总结经验、掌握方法与技巧的最佳时期。经过前面一轮又一轮的题海战，孩子对于解题，已积累了比较丰富的经验。他（她）差的，就是对这些经验进行总结，好把它变成方法与技巧。

这个时候，他们练题不在于多，而在于精，在于灵活运用各种方法。所以，他们要做到勤于问老师，亦要跟同学相互探讨研究，自己也要对照参考书，反复揣摩，找出同类试题类似的解题思路，举一反三，熟能生巧。这样，可以以不变应万变。

等着你的绽放我的小孩，或许你只是寻常的一朵花，将湮没于红尘阡陌中。可是，对于我来说，你是唯一的，你的绚烂，将无可替代。

第八辑

PART Ⅷ

等待绽放

杀出重围

4月17日　星期六　天气阴

给家里买了几只漂亮的花盆，青花瓷的。我喜欢它们安静且美好的样子。

把太阳花移进去。

把栀子花移进去。

我要让它们一起见证某小孩最后的冲刺。

离高考，还剩50天了。某小孩向我们宣布，从今天起，我将进入最后的决战阶段了，我要奋力一搏！某小孩在墙上新贴的纸片上，写下这样一句话：

50天，杀出重围！

瞧这杀气腾腾的。

某小孩说，50天里，我会一天写一句话来勉励自己。

好啊，那么，我和你爸可以一饱眼福了。

夜，接近凌晨，某小孩强烈欲进入梦乡。老爸说，睡吧，去睡吧。某小孩说，不能，任务还没完成呢。

我赶紧给某小孩削了一只苹果吃。某小孩本来眼睛是眯着的，吃着吃着，长精神了。

我想，等天亮了，要做的第一件事，就是去买一箱子苹果放家里。

真是，望见那个日子了，我跟着既紧张又兴奋。某小孩会考出什么来呢？某小孩将来会去哪里念大学呢？某小孩终于要远飞了。可是，可是，我怎么这么担心呢？

某小孩昨天问了我一个问题：妈妈，20年后我会在做什么？

谁知道呢？那时，某小孩也人到中年了。而我，如果一切平安的话，也将成为一个慈眉善目的老太太了。

真希望呀，真希望某小孩能一帆风顺，顺利地考上大学，然后找到喜欢的事情做，遇到喜欢的人，完成生命中重要的一步步。

人生不就是这么过来的么？一轮，复一轮，这叫生生不息。我们都是这不息中的一份子。痛并快乐着。

剑指南山

4月18日　星期日　天气阴

我嚷嚷了很久，要正式地去看一次菜花。虽然每天我都能见着菜花，但那是些零星的，在人家花坛里长着，或羞涩在路边巴掌大的地里。因是零散，看上去，就有些羸弱。虽也灿烂着一张小脸，但气势到底小很多的。

我要看的，是一望无际的，是不管不顾的，是酣畅淋漓的，是把整个心都捧出来燃烧的一种盛开。

雨，下得啪啦啦。我的小孩去补课了。你爸忽然聊发少年狂，豪气冲天，说，就是下雨，也要去的，再不去，那菜花就要谢了。错过一场花开，就是错过一季。错过一季，有时就是错过一生。

我想想，有道理。遂成行。

车子北上，拐弯去了城郊。眼睛里看到的，全是菜花的天下啊，桃花残妆三两点，唯有菜花，轰轰烈烈。我在想，什么时候我的小孩，也能像我们这般悠闲，想看菜花，拔脚就能跑来看呢？那得磨炼多少年啊。

在路上，我和你爸谈到抑郁症的问题。一个我们都熟悉的朋友家的孩子，不堪高考重压，患上忧郁症了。朋友在一夜间白了头。这个时候，什么高考不高考的，都见鬼去吧，他只要孩子健康。我们何等庆幸，我的小孩，一直那么乐观，能正视自身的不足，抗击打能力强。感谢你的顽强我的小孩！

没敢在外待多久，掐准你回家的时间，我们回家了。

今天你在墙上贴上了这样的话：

49天，剑指南山！

我问你南山是什么意思。你回我，不知道，心里就想着这句话。我把它理解为，是一种呐喊吧。人，有时是需要呐喊来给自己助威的。

这两天，你开始小锻炼，每天做俯卧撑几十个。很好，请继续坚持！

直线追击

4月19日　星期一　天气阴

天天下雨，这个春天，眼看着就过去了，真替春天感到遗憾：什么时候才真正地春一回呢？好在还有那些花在撑着。好在还有那些草在撑着。好在，还有像我小孩一样的青春在撑着。

你步入正轨，学习学习再学习。早上五点四十就起床了，晚上都要坚持到十二点。书桌上乱乱地堆了一堆儿，本子啊书啊草稿纸啊，我也不去碰你的，就那么乱着吧，只要你能找到学习的感觉就行。

评价你们的任课老师。你说教英语的很不好，自己讲错了也不知道，还一个劲地讲，对待教学很不认真。你说，再这样下去，你的英语很难提高。

政治老师你也能指出她讲课的不足，你说她常对题目理解不透，模棱两可。一遇她解答不了的问题，就这样告诉你们：这道题超过教学大纲了，超过你们理解的范围了，不要求掌握。

我在心里悄悄笑了，这真是老师百试不爽的绝招啊，竟然被你识破。

对历史老师你很欣赏，认为他很敬业，人也和气。对语文老师你除了敬重，没多少话可说。他上的课，学生们都不怎么听，你也不怎么听，你认为那种照本宣读，实在没有意思。你捧着练习自己做，你现在更多的是在自学。

我没有给你更多的建议，除了教你要尊重老师之外。在最后这一阶段，自学对你来说，效果十分明显，你能迅速找到适合自己的解题方式，你能查漏补缺，把时间用在刀刃上。我当然支持。

你对自己的小命可看重了，上次医生随便说了句，隔几天再来抽血化验一下。你就天天记着，非闹着去抽血化验不可。结果，无事，一切正常。

你爸对你的话，言听计从，他简直成了你的跟班。你说要买什么眼药水，他饭也不吃，立马去药店，左挑右选，选回。你还不满意，说，怎么不是那个牌子的？嘀，瞧瞧你，神气的！

今日你在墙上张贴的是：

48天，直线追击！

你果真在一路猛追。现在你做一份数学试卷，可以缩减到一小时四十分钟了。你得出的经验是，做题，做题，还是做题，做死它！

深入敌营

4月20日　星期二　天气阴

案几上有枝桃花，一直保持着艳丽的姿态。其实，瓶子里已没水了，我不换水，我让它就这样，就这副姿态，明艳着。

雨在窗外，急促地滴答，滴答。我的小孩，你忙碌得很像那些小雨点。

对你标新立异的话，我越来越难懂了，譬如今天墙上贴的这句：47天，深入敌营！我问，这敌营，到底指啥呢？

你头也不抬地说，不管。

你要的，只是一种感觉，一种气势上的。

这两天，你在不断调整自己的学习方法，哪种学习方法能取得高效率，你现在很在意了。时间不是一般的紧，而是相当的紧，上卫生间也带着本历史书的。

分配了我和你爸任务，让你老爸对着电脑输英文，都是你做练习时遇到的不懂的问题，你要远程问百十里外的王老师。让我帮你搜集近几年的高考满分作文，你说要仿写，一天一篇地写。

我和你爸，被你支使得团团转。可怜你老爸，昨天他在所里值班，接案多，一宿没睡好，今天还得眯着眼睛对着电脑，替你输英文。可怜你老妈，手上的约稿正在写，也得搁下，替你整理高考作文。我们一边整理一边在想：我们的小孩，咋这么幸运呢，遇到这么好的爸爸和妈妈。

今天你开戒了，吃了炒肉丝。因前些日子你肚子不舒服，已戒肉好些时日。你吃了很多，后期观察，一切正常，看来你的肠胃已恢复得不错了。

给你换了床，把你移到大房间里去，那里空气流畅得多。希望我的小孩有个洁净敞亮的环境。

拔剑四顾

4月21日　星期三　天气阴

雨了一天了，时大，时小。风一直不息，鼓着吹着。

我的小孩，你离高考，又近一步了。早上，你在墙上早早贴上新的纸片：

46天，拔剑四顾！

嗯？拔剑四顾，顾什么呢？

你低头叹，你说近期的复习，好像进步微小，你觉得没信心了。

我的小孩，越到临头，越恐惧了吧？这种恐惧，要不得。想想吧，退一步，就算今年你考不上本科，那么，还有明年呢。

你说，妈妈，别提明年的事，我是不愿复读的。

是的，你是怕了这种煎熬，你想早早摆脱，做只自由的鸟。只是，只是啊，你根本不知道，现在这种煎熬，也是好的。等将来，你的责任与义务担在肩上，你会发现，唯有学生时光，最是单纯。因为，这时候，你只要一门心思考学校，没有工作的竞争，没有家庭的重负，没有复杂的人际关系，你不用讨好任何人，你只要对着你自己，时光是你自己的，多好。但你，现在哪里能明白这些呢？

你忽然转过头来，问我，妈妈，你会背李白的《行路难》吗？

我自然知道你想说什么。你今天写的“拔剑四顾”便是出自其中，

“停杯投箸不能食，拔剑四顾心茫然”。你茫然了。

我一时心塞，无法言语。我想起当年像你这般大时，我是把其中另两句“长风破浪会有时，直挂云帆济沧海”写在笔记本上的。那时，我努力跳“农门”，唯有考学这条路好走，所以，我只有拼命读书。

时光仿佛重复，又不是，你比妈妈当年好多了，无论是你的生活环境，还是学习环境，都是妈妈当年无法企及的梦想。你考学不是为跳什么门，仅仅是，给多年的求学生涯能画个圆满些的句号。

十步杀一人

4月22日　星期四　天气晴

你今天贴的纸片儿，真叫吓人的：

45天，十步杀一人！

我问，十步杀一人？

你肯定地答，是。

我说怎么这么血腥啊？

你故作吃惊地问，妈妈你不知道这是李白《侠客行》里的句子吗？

哦，天，我大概……也许……模糊地知道。

那么，告诉我，你要杀谁？

你答，杀高考啊。

又解释，就是逐个击破。

我，笨笨地对着我的小孩看，似懂非懂。

你什么时候这么血气方刚了？幼稚的血气方刚。而这种幼稚，多么可爱。

你给我一个饼干包装袋，让我去超市，买你要的这种饼干。

于是，晚饭后为了你，我又上了一趟街。

同时买回你要的咖啡。回家拿给你，你不高兴地说，牌子买错了，不喝。我有点怒了，不喝拉倒，扔垃圾桶里去。

你现在，有足够的底气，对我们挑三拣四，指东画西的。可是，这底气是什么在支撑着的？

是在昨天或是前天，你理直气壮说，我现在学习这么苦，让你们做点这个，还不行吗？言下之意，你所受的苦，都是我和你爸施予的。

咦？你学习是替谁学习呢？替我？还是替你爸？

我的小孩，你应该明白，你谁也不替，你是替你自己。而我和你爸，才真正是替你在做事的，做饭，洗衣，买这买那，还得抚慰你青春的骚动和不安。

嗨，原来，有底气的人是我们，不是你，你怎么整个颠倒过来了？

天气也终于放晴了。

百战穿金甲

4月23日　星期五　天气晴

我建议，哎，你的励志语，能不能不血腥？我怎么看着越来越杀气腾腾啊？

你答，高考就是上战场嘛。

这话也对，不见硝烟的战场，有时，更显残酷。

那么，这百战穿金甲，又是怎样一种心境？

你翻诗，翻到王昌龄，指一句读给我听："黄沙百战穿金甲。"后面一句更有气势："不破楼兰终不回。"

我的那个天，你是不是想，不考上大学誓不罢休啊?

没把这意思转述给你老爸听，他听到，准会眼睛笑眯成一条缝，击掌赞赏，好！要的就是这气概！

我说还是平和一点，平和一点。咱不要十步杀一人，百战穿金甲的，咱就顺其自然吧。顺其自然的好。

你的时间安排得已很有规律了，早上五点四十起床。中午只小睡十来分钟。晚上十一点至十二点睡觉。

有些舍不得你。中午你让一点钟叫醒你，我守着时间，眼睛眨也不敢眨地盯着电脑上的时间显示。等跳到一点钟的时候，我要稍等等，等数字显示出十三点零一，再显示出十三点零二。心里说，就让我的小孩再多睡两分钟吧。

你现在每天坚持做俯卧撑20个，已坚持一个星期了。你今天欣喜地告诉我，你胳膊上失去的肌肉，又回来了。

好，继续坚持！

我过生日，今天。

天气很架势，晴好，一望无际的晴好。

你在中午放学时，跑很远的路，去给我买来一枝郁金香。

现在，这枝郁金香插在我电脑旁的花瓶里。花半开，浓郁的红，意犹未尽的美。我边打字，边看它，心里暖暖的。

千里走单骑

4月24日　星期六　天气晴

屋旁的杉树绿了。

那绿是一点一点冒出来的，绿得很是鲜亮很青嫩。你爸从楼上窗口探头看一眼，脱口道，绿得真年轻啊。说完，又自夸一句，我天生的诗人啊。

我爆笑。不过那一句“绿得真年轻”的话，实在让我仰视了很久。多好的一句啊，绿得真年轻。我立即现场教育我的小孩，我说作文素材就是这么来的，一景一物，要描写到位，离不开仔细观察。

你嘴角往上翘了翘，这是你的标准动作了，——不屑的。

墙上新贴上的小纸片写的是：

43天，千里走单骑！

我这边才说，你怎么把人家导演的东西也牵来了？你那边立即表现出失望，妈妈，你真的不知道千里走单骑是哪的吗？《三国演义》里的关羽啊，千里走单骑，过五关，斩六将。

嚯，瞧你这口气！只不过，你的关可不好过啊，作文关，英语关，这两关地势险峻，你轻易过不去的。

这不，一晚上你吭哧吭哧在写一篇作文，费时两个小时还要多一点，凑成不足六百字。你引用了很多人物进去了，什么陶渊明啊，海子啊，就是没有你自己。通篇那叫一个乱。

我说，高考作文若写成这个样，怕是基础分都难拿到的啊。

你默认。也终于虚心起来，向我讨教，怎么写好作文。我下载了一套有关高考作文的资料给你，我们一起研读。

你不是千里走单骑，你是走双骑了啊。你真幸运。

万般终归一

4月25日　星期日　天气晴

你今天贴在墙上的励志语是：

42天，万般终归一！

费思量。

问你什么意思，你说只可意会，不可言传。过一会儿，又解释说，所有的学习方法，最后归于一种。换言之，前面的过程，都是在摸索之中，不断攻克难关，最后寻找到一条学习的捷径。

解释至此，意犹未尽，愣半天后你复又说，只可意会，不可言传。

话至此，你丢下我，把头埋到书本里去。留下我，独自发愣，哎，我的小孩，是不是说，你现在已找到那“归一”中的“一”了？我怎么感觉你一半清醒一半醉呢？

你忽儿信心满满，畅想以后上大学的前景。跟我说，妈，等我高考完了，你是找不到我的。我问，为什么？你说，我飞走啦。又提前设想，买什么样的电脑。至少买5000块的，像你这么破的电脑，谁用？你用不屑的口吻，对着我的电脑说。我真是又好气又好笑，好气的是你哪来这么大的口气的！好笑的是，你一直不停地梦想着，梦想着。

忽儿你又是沮丧的。今天解数学题，有一道解析几何方面的，是你最拿手的，你居然解了半小时也没解出来。你跑来跟我说，妈妈，我高考恐怕要失分在数学上了。我和你爸听了，几乎同时说，一切皆有可能，你每一门，都可能失分，也都可能得分。

这些话，其实解不了你的忧虑。好在你的忧虑来得快，去得也快。只一会儿工夫，你又元气十足的了。

我抽背你的英语，倒过来抽，读英文，让你说出中文。我假装读错不少，你翻过来，一个一个教我读。效率竟奇高，你以往要重复好多遍才能记住的单词，现在几遍就记得了。看来，你亦好为人师的。

你自己总结出一套适合你的写作方法，很管用。如何开头，如何出彩，如何升华，你都了然心中了。你用这种方法，把昨天写的作文，重写了一遍。我看了，还真不错，若再润色润色，在高考中得个高分，完全有可能。看来经过前一阶段的摸索，你真的万般终归一了。

今天的天气还算好，预报中的雨没有落下来。风大了些。外面是一个青绿青绿的世界。

败北，朝天阙

4月26日　星期一　天气晴

这时节，开得最好的花，莫过于鸢尾花了。大太阳下，它们薄薄的花瓣，像极蝴蝶的翅。张开，想飞。能飞到哪里去呢？我走过它们身边时，总止不住要瞎想一通。

我的小孩，你也像一朵鸢尾花，正张着翅，欲飞。

墙上的励志语已换成：

41天，败北，朝天阙！

我愣是对着它琢磨了半天，败北，是说高考失利吧？朝天阙则指传去捷报吧？这本是两件完全不相融的事，却被你安排在一起，我又费思量了。

你说，妈妈，朝天阙前面还有一句“待从头、收拾旧山河”啊。

这么一说，我倒有些理解了，也就是当你败北之后，你不会因此沉沦，而是会从头再来，重拾梦想，最终走向成功。对吗？

你不置可否，把一本书，翻得哗啦啦。

那么，我的小孩，你现在已在自己调整高考心态了？最坏的结果不过是败北，有什么大不了的，咱还可以重拾旧山河呢。

星期天的数学测验，你仅得了120分，比同桌严少了5分。我故意说，邓老师该取笑你了，他一直那么小瞧你，这下子找到理由了吧？你承认，是的，是的。

你心里很不服那口气，一心想证明了给他看，你拼命做数学。有一阶段，你突飞猛进，数学成绩直线上升，搞得他都不太相信地看着你。有一次小测试，你得高分，全班第一。他忍不住问你，题是不是提前做过了？你回来说给我听。笑，很得意的样子。

你把48套高考数学仿真练习摊开来，你说最后鹿死谁手还说不定呢。你现在在逐条研究，找出不同的解法，你已经研究好11套试卷了，上面密密圈着你的解题思路。你说，有些方法邓老师也想不到呢。

我听见我的心，又“嘭”地开了花。我发现，我有些崇拜我的小孩了。

晚上，你还是瞌睡得厉害。不过，你找到解决它的方法了，就是做俯卧撑。那样既赶跑了瞌睡，又强健了身体，可谓一举两得。

破釜沉舟

4月27日　星期二　天气晴

这才算真正的晴天，阳光一泻千里。午前，风大，刮得呼啦啦。午后，风止，只有阳光行走的声音，窸窸窣窣的。

你的喉咙有些痛。下午，你爸带你去看医生，所幸没大碍，是受凉引起。我提着的心，始才放下。孩子再大，做父母的心，也会时时牵着挂着。这种感受，只有等你为人父母时，才有体会吧。

开了好些药回来，你却不肯好好吃，神情倦倦的。

围着你，我无计可施。让你上床躺会儿，你不听。眼见着时间嘀嘀嗒嗒走得欢，又快凌晨了。我怒了，我说，你到底想怎样啊？要不好好做作业，要不就上床睡觉。

你满脸委屈一脸无辜地看着我。

好不容易把你老人家弄上床，睡下，我累得浑身的骨头像散了架。心想，养大一个小孩，真真难啊。

无意中一瞥你书桌前的墙上，今天你贴的小纸片上写的是：40天，破釜沉舟！心里突然滑过一丝疼痛，我的小孩，你身上承受着多么巨大的压力啊。

看你睡梦中的样子，双眉紧皱。我伸手轻轻抹平它们。一会儿之后，它们又皱起来，竟是抚不平的了。我的小孩，退路没了，什么都没了啊，咱还是别破什么釜沉什么舟吧。别怕，有妈妈在这里，你绝不可能无路可走。大不了，回家跟着妈妈一起过呗。

卧薪尝胆

4月28日　星期三　天气晴

外面的风，真大。把阳光都吹得一晃一晃的，像喝醉了酒。

阳光爬上我的窗台，一点一点挪过来。又从窗台上爬走，一点一点挪走。天，也便黑了。我的小孩，你看，时间就是这样一点一点变短的，像燃着的烛，一寸，一寸。最终，燃尽。

你嚷嚷着要买新衣裳，因为换季了，天一天天热起来。你并不缺衣，你只是想要新的，说什么安踏的。妈妈老土了，牌子是一点不知。你将来，是要过牌子生活的。而妈妈只知道一个道理：适用的才是合理的。

学校请语文老师开讲座，针对高考作文。你没参加听。你说还不如自己总结呢。我说，老师的应考经验比你足，也许你去听听也有好处呢？你说，听他讲的工夫，我都自己写了两篇了。

那么，随你去吧。

晚上，你还是瞌睡，作业做了没多少，眼皮就粘上了。你不停地做俯卧撑。我很想赶你早早上床睡觉，但又犹豫了，看见你房间里的灯亮着，心头升起另一种希望，或许，你又做了一道题呢！你看，妈妈这矛盾的！说过不在乎你学习好坏的，但要做到真的不在乎，还是需要一点勇气的。做人，有时就是这么的心口不一，我又哪里能脱俗呢？

你有一点非常好，就是不记仇。不管妈妈怎么埋怨你，你转过身来，还是妈妈长妈妈短的。我要学习你的这种大度，尽量做到不冲动，对你耐心一点，再耐心一点。比起好多让人不省心的孩子，你带给我的健康、乐观、善良，足够我感恩的了。

你的喉咙痛今天好多了，晚上吃的烧粉皮，你喜欢极了，吃很多。

这会儿，月亮升起来了。我从电脑上一抬头，看到它挂在窗外，正对着我看呢。我很想叫你一起看，但怕打扰你。

你今天的励志语是：39天，卧薪尝胆！我的小孩，等你尝完了那苦胆，我们一定要一起好好看看月亮。大自然里有很多值得我们热爱和感恩的东西，漠视它们，是辜负。

悬梁刺股

4月29日　星期四　天气晴

不适应了吧？春天久盼不来，夏天倒是急不可耐，一马当先。哗啦啦，阳光泼辣辣的，倾倒下来。街上的行人，最是好玩了，穿什么的都有。有的人羊毛衫还穿在身上呢，一个劲用衣袖擦汗，眯着眼望天，嘴里叨咕着，谁知道一下子就这么热了呢！

谁知道呢？树也不知，花也不知，它们倒是安然得很，绿得分明，红得明艳。

我去外地开一个作协会，两天时间。走前跟我的小孩商量了又商量，我说，还是不要去吧。我的小孩却说，妈妈，你去吧去吧，我没事的，我会好好的。

这还不能让我放心。我又对你爸叮嘱了又叮嘱。他说，接力棒交给我，你就放一百个心吧。

也不过隔着几百里的距离，我仿佛与我的小孩隔了千山万水去。我一天几个电话，打给你爸，寻问你的情况。我知道你早上吃的是小馄饨，中午吃的是炒鸡丁，——你爸到街上炒的。晚上吃的是牛肉粉丝，还有半只烤鸭。我知道你今天在墙上贴的纸片上写的是：38天，悬梁刺股！天，那是怎样的咬牙切齿。我的小孩，他已到了拼尽全力的时候了。

你爸中午晚上，都有应酬，但他推掉了，极安分地待在家里陪你。你晚睡，他亦跟着后面晚睡。你问他这次考不好咋办？他告诉你，考不好不一定就是坏事，他当年也是走的复读的路，你也可以。再坚持一年，说不定还能考个更好的大学。

你说，不会走复读的路的，一定不会。

你完成了一篇作文。做掉两份数学高考模拟试卷。做了一份英语练习。背政治、历史若干。

凌晨，你入睡。我在你入睡之后，才睡下。

幻境·破

4月30日　星期五　天气晴

一路的好景致我来不及看。阳光。绿草。肥美的花。嗯，一切好得不能再好。春天的最后一根羽毛掉下来了，我来不及抓，我一路飞奔回家。我到家时，天边的晚霞，已织成一件孔雀裘。

回来的第一件事，就是进你的房间。你去上课，尚未归来，房间里，处处是你的气息。桌上草稿纸乱七八糟堆着，上面都是你密密的字。墙上新贴的纸片上写着：

37天，幻境·破！

我看着，心突突跳，很难受的感觉。我的小孩，你是不是终于从梦中醒过来了？你发现，现实，原是这等的让人无奈啊！

我给你准备晚饭，给你做鸡蛋羹吃，给你熬你喜欢喝的鲫鱼汤。

你归来，才推开家门，还没看到我呢，一声“妈妈”先送了过来，像小羊羔唤老羊。

我惊奇了，我说你怎么知道妈妈回来的？

你说，你昨天说过你今天回家的。

我的小孩惦记着我呢。

听你唠叨，说这说那，全是这两天发生的事儿。其实，有什么事儿呢，无非是同桌严又喜欢上一个女生，无非是一些男生到现在还不知道学习，上课还在玩手机。

还是喜欢黏着我，我假装表现出“厌烦”来。你说，啊，妈妈，没多少日子拥抱了，以后你想抱我也抱不到的。

我故意激你，我说，你还当你真考得上啦？

你说，当然。如果我们班有一个人考上大学，那个人，肯定是我！

嚯，这口气！但不得不承认，你这口气，我顶顶喜欢的。

窗外一轮月，在我们窗前探头探脑。夜，静极了。偶有虫鸣，响在楼底下不知哪棵花树上。又近凌晨，我催你早睡。你答应着，再过一会儿就睡，我还有几道题做一下。

非拼命无以成学

5月1日　星期六　天气晴

温度升高得很快，今天白天气温都达到27度了。世界这才像了样，一片嫩绿，让人看着欢喜。

36天，非拼命无以成学！这是你今天的励志语。你果真在拼命啊。中午饭做好了，三番五次叫你出来吃，你答应着，却迟迟没见你出来。我推开你的房间，你正埋头在一堆习题里。

饭毕，亦是不肯上床休息的，只伏在桌上，小眯了一会儿，就又开始做练习。你现在越来越清楚，取得成功的秘籍只有两个字，这两个字，叫刻苦。

晚上，你做英语练习时，看到一篇很好的阅读文，赶紧跑来翻译给我听。那是一个父亲写给儿子的信：

亲爱的孩子，当你看到我的衰老，昔日的强壮不再时，请耐心地努力去了解我。如果我吃东西时弄得一团糟，如果我无法穿戴整齐，请耐心点，你要记得，我教你做这些事情曾花费了多少时间。如果，当我对你说话时，总是成百上千次地重复相同的事情，请不要打断我，请耐心听我说。在你很小的时候，我曾成百上千次地重复讲同一个故事给你听，直到你入睡……

你译完了，问我，感动吧？

我的内心大为触动，一时默默。父亲和儿子，原是颠倒着做的。小的时候，父亲照顾儿子，百般耐心百般疼爱。等父亲老了，儿子大了，做儿子的对父亲，却少有那样的耐心与疼爱。他哪里知道，他老了的父亲，已变回很小很小的孩子啊。

我耿耿于你现在连一声爸爸也不叫了的。你已多日不叫爸爸了。我说，你看看你怎么对你爸的，你爸又怎么对你的。

你有些发窘。你笑，掩饰你的窘意，你说，等我赚钱了，我会买辆他喜欢的车给他开。

需要沉默，需要意志

5月2日　星期日　天气晴

天气很像夏天了。太阳炙热得很，大街上，好多人都穿单衣了。我和你爸，把一些冬装收拾好了，送到自家房子那里去。一点一点的零碎，我们要一点一点地往家里搬，只待你高考一结束，我们立马搬回自己家去住。

你在坚持。做数学做到看见数字就头晕，做英语做到看见字母就想呕吐。但，你仍然坚持着往下做，咬着牙做。这一阶段，是相当磨炼人的意志的，稍一松弛，就有可能跌下万丈深渊去，再也爬不上来。你说，需要意志，需要沉默。

你给自己制订的计划，越来越细密，每天必须做完多少数学，多少英语，还要写作文。尽管你马不停蹄，一路飞奔，计划仍然难以完成。我让你少订点计划，适量才行。你说，不，来不及了。

也只有到现在才有了紧迫感。虽然这样的紧迫感，来得晚了些，但对我和你爸，已经相当满足。想想吧，有多少孩子现在还睡在鼓里，听不见钟响呢。有多少孩子，还流连在网吧里，让父母愁肠百结。你的表现，足够让我们欣慰了。

你爸围绕你吃什么，动坏了脑筋。早上，他很早就去永和豆浆店，炒了你喜欢吃的扬州炒饭回来。中午，买了老母鸡回来熬汤给你喝。晚上吃饭时，他已在愁明天弄什么给你吃，早饭吃什么，中饭吃什么。一定要保证你的营养——我们现在能做到的，似乎也只有这些了。

中午你去理了发。你整个人看上去清清爽爽，朝气蓬勃。你是个很俊俏的小伙子呢。

你写了一篇作文。明显比以前进步多了，你已知道如何把话题展开来写，如何在原有的意境上升华，使平淡的小事情，有了令人回味的地方。这才是作文之道。

只是错别字有好几个，这点，你一定要改。考试时，若遇到模棱两可的字，你要知道回避它。

不抛弃，不放弃

5月3日　星期一　天气晴

之一，早上，我被你爸设置的闹钟声吵醒。

你爸早醒了，在床上不停地翻身子。他犹豫着要不要去叫醒你。因你睡得太晚，他到底心不忍，想着让你多睡会儿。待他起床，你已自己起来了，捧着本书在读。

之二，本来今天学校是上课的，你搞特殊，窝在家里自己复习。你说，在学校学习效率太低，比不上你自己复习。于是乎，老妈充当了你的同谋，给你的班主任打电话请假，也不管人家乐不乐意。

之三，你吵着闹着要买新衣。只要一得空，就缠着我，上淘宝呀，看衣服啊。我拗不过你，帮你敲下一件。阿迪达斯的，大红的篮球衣。

之四，你往墙上又贴一张小纸片，上面写着：

34天，不抛弃，不放弃！

那面墙上，已贴满蓝色的小纸片。

你说，等考完试，一定要把那面墙用相机拍下来，发上网，让众多考生学习。

我打趣，题目就叫《每一棵草都会开花》。

瞧瞧，你这棵小草，也开了花。只是，你会开出怎样的一朵花？

之五，你在我的指导下，又完成一篇作文《行走》。第一稿写得一般。第二稿修改后，写得非常好。你在细节描写方面，很到位了。隆重表扬！

今天的天气哈哈哈。今天的饮食也哈哈哈。吃的是蒜苗烧肉，还有烧粉皮，炒茄子。素菜你吃得少。

这会儿，起风了，呼啦啦，一路刮过去。

前车之覆

5月4日　星期二　天气晴

今天是市三模考试。可能是考太多试了，这次，你根本没把它当回事。回来对我提都没提，我是在你考好后才知道的。

上午你考的是语文，你说卷子不难，但你却做错不少。作文你说写得很一般，没平时写得好。这是最让我提心吊胆的，就怕你高考时发挥失常。我说，千万不要想着出奇制胜，高考时，还是走平时走惯的路子好。

下午考的是数学。你认为卷子相当简单，你完全可以得满分。但因不许用胶带，错的地方你没办法改，脑子乱了，做得不算好。

你很懊恼，说，若是高考这样，我准得哭死。

我惊奇了，问你，你会哭吗？

还真的呢，我是好久好久没见过你的眼泪了。到底是男孩子，遇事不再哭鼻子。

外面风大，凉爽。这样的天，适合散步。——这是你说的。

然，你得好好用功，不能分心。

你泡一杯咖啡喝，明天考英语呢。夜，又深了。

你贴在今日墙上的标语是：

33天，前车之覆！

看来，这次考试的教训，你是记下了。

不愤不启

5月5日　星期三　天气阴

天阴了，温度却不低。你穿一件黑色衬衫，领口处衬了白色碎花的边子，显得相当有型。

上午你没去学校，在家自由复习。下午考英语，我下班回来时，你已到家。据你讲，感觉还行，比以前做的速度要提高许多了。

你也跟我说起复读的事，——这是退路。你现在逐渐接受它。我有些羡慕你了，你根本用不着背水一战，考不上，你可以退回来，重新开始。

当然，你还是想一下子考上的，且考个不错的学校。你甚至想，考上后，就谈恋爱，一天谈一个女朋友，——这是玩笑话了。

现在锻炼身体你能做到日日坚持，你的肌肉日渐发达，看得我自豪不已，瞧，这是我生的儿子呢，多结实！

给你买了只西瓜吃。那么小一只，花去十七块。有点小吃惊。这物价涨的！倒不是心疼。为你花钱，是从不心疼的。

亦去超市，给你买了些零食。吃的用的，我们都充足提供。你老爸还嫌做得不够，老是嘟囔，儿子受苦了，儿子受苦了。其实，你受什么苦呢？学习是你应当承担的事。

你今天写在墙上的话：32天，不愤不启！挺有意思，让我也长了学问了。老实说，我还真没系统地读过《论语》。这句“不愤不启”，我是不很清楚的。为此，我特地查阅了资料，它来自《论语·述而》：

不愤不启，不悱不发，举一隅，不以三隅反，则不复也。

这是孔子论述启发式教学的重要名言。“愤”指心里想求通而又未通。“悱”指想说又不知道怎么说。“不愤不启，不悱不发”说的是：学生如果不经过思考并有所体会，想说却说不出来时，就不去开导他；如果不是经过冥思苦想而又想不通时，就不去启发他。

我的小孩，你是不是说，你是通过自己的思考，来得到启示的？

你不语，高深莫测地笑。

艰难困苦，玉吾于成

5月6日　星期四　天气阴

好嘛，“艰难困苦，玉汝于成”被你换成“艰难困苦，玉吾于成”了。

一天一口号，少年壮志不言愁。

这样好，这才像意气风发的好少年。

早晨，五点二十你就在闹钟声中醒了。起床背书，呱呱呱，像唱歌的小青蛙。背着背着疲倦得很了。我起床的时候，你倒在床上，眼睛闭着，起不来了。你说，不知为什么，老提不起劲来。我说是少了斗志嘛，人少了斗志，就少了支撑的。

你笑。

其实，我知道，你那是累的。在一阵激烈奔跑之后，你需要缓口气，恢复体力。

市三模考试全部考结束了，你语文得了138分，数学得了142分。你非常不满意，你说考得不好，尤其数学。你心中的目标是，语文150分，数学150分。

英语目前还不知，可能起伏不大。小两门今天考得还凑合，估计得A

没多大问题。最近一段日子，你小两门上升很快。历史的感觉尤其好，你说你天生就是学历史的。

试考完，你去打了一会儿球，热乎乎跑回来。我和你爸齐赞，好，打球好。现在，就怕你不运动呀。

闲聊的时光，是在饭桌上。这时候，我和你爸，像两个虔诚的小学生，把头仰向你，听你描绘你的锦绣前程。听得醉人处，你爸去倒了酒来喝，一杯下去，眼睛渐渐眯上。你是这么形容你爸这时的神情的：眼睛盯着虚空，慢慢地变得痴迷起来。

我的小孩，我真是小看你的文采了。原来，这么飞扬啊。

你得意，说，这么多天的作文强化训练，难道是白白训练了吗？

对，对，不经艰难困苦，怎能到达成功的彼岸？

去淘宝上给你定的衣服，今天送达了。你迫不及待穿身上。帅，确实帅。

荷露尖角

5月7日　星期五　天气晴

我买了草莓，一颗一颗洗净，放盘子里，给我的小孩吃。

窗台上，搁着两只养水仙花的瓷盆，里面有鹅卵石几颗，别无他物。但一些小鸟，就是喜欢在里面啄食，跳跳蹦蹦。我把吃剩的饭粒，倒一些进去。不一会儿，飞来几只小麻雀，它们啄着饭粒，叽叽喳喳，呼朋唤友，快活得不得了。

很快，喜鹊被唤来了。白头翁被唤来了。白头翁实在算得上是漂亮的鸟，头顶一撮白，像朵小白花，身子是墨中带绿。哪里就老得像老头儿了？我为它叫屈。它却不在意，快乐地啄了一口食，“腾”地跃上楼前一棵树上去了，还回头看一看。完全偷吃的样儿。

我拉我的小孩看这些鸟。我的小孩看一眼，感叹道，做一只鸟真幸福。

很可惜，我的小孩不是鸟。你要面对的，是日复一日的苦读。

考试结果下来，你这次总分跃到年级前十名。你有些小满意，虽然你一再后悔，说，数学大意了，要不，你起码能考到150分，做得好的话，能得满分。语文也做得不好，经典阅读可以做得再好一些的。

别，满分咱就不要了。中国不是有句古话么，人心不足蛇吞象。我的小孩，知足吧。

这次你以为写得不好的作文，结果得了62分。能得这么高的作文分，可谓凤毛麟角了。

你把这次的试卷认真分析了，找出自己的薄弱，在纸上一一记下。下一阶段，你准备主攻那些薄弱的。你的最终目标，是考年级第一。

你今天的励志语是：

30天，荷露尖角！

我说，是小荷才露尖尖角吧。

你解释说，是取得了一点小小的进步。说完，自己不好意思先自笑了。

心事浩茫

5月8日　星期六　天气阴

写下这标题，我突然觉得，天要下雨了。

天也真的要下雨了，都阴了一天了。

你说心事浩茫时，我一时没反应得过来，我问，又浩茫起来啦？惹你一通笑，你说，这个都不知，“心事浩茫连广宇”啊，鲁迅写的诗。好吧，那我接下下面一句：“于无声处听惊雷。”我的小孩，你的雷声，响在哪里？

傍晚回来，你有些小失落，告诉我，这次数学考试，又没考得过同桌严，比他少3分。虽然总分你比他高，但数学超过他，是你一度的梦想。你是那么想证明给你们数学老师看，你的数学，才是最棒的。

原来，你的浩茫在这里。

我倒要感谢严，他这样的竞争对手存在，对你，是多么大的支撑！在你的一生中，你还将遇到很多这样的对手，这是你的幸运。你获取的每一个进步里，无不与他们相关。可以这样说，是他们，成就了你的每一个进步。

你说，妈，你要相信我，你的儿子才是最棒的！

唔，我当然信，我频频点头。

你把一堆练习摊开来，一一指给我看。你说你一天做了两份数学试卷，做了三份语文阅读理解，做了两个单元的英语选择题。你还准备写一篇作文。你现在，一天一篇作文，你按照自己摸索的那种格式写，越写越顺了。

我除了倾听与崇拜，还剩祈祷，祈祷你能顺利考上。那么，你设想的一系列计划，也就能一一实现。譬如，想去海边，跟你的伯伯们上船，到海里体验生活；譬如，睡他个昏天黑地，然后起来，坐在客厅里看大片；譬如，去练跆拳道；譬如，写你的玄幻小说……

这么一说，果真的浩茫起来。

低到尘埃

5月9日　星期日　天气晴

你今天，思绪有些紊乱。晚饭时，和我聊天，说起你的学习状况。你慨叹一声，妈妈，我以前定的目标太高了，现在才知道，那是不现实的。我现在的目标，只能是争取考上个不错的本一。

我在心里说一声，我的小孩，你终于知道了，现实和理想，原是有差距的。

之前，你一谈到理想，一谈到目标，都是眉飞色舞的，且雄心壮志得不得了，认为一夺天下，非你莫属。我清楚着，那是少年不识难滋味呢。但不打击你，你说什么，我都跟在后面附和。年少时，总要经历一些轻狂的。

每个人的人生路，都得靠自己去走，一些坎呀坷的，也必须自己亲身体验。有时难免要走些弯路，要一意孤行，但那未必是坏事。撞到南墙了，知道疼了，才真正长智慧。再走路的时候，会谨慎多了，去掉些浮躁，多了些沉稳。人，都是这样一步一步长大的吧。

像你的现在，经历了由好高骛远，到脚踏实地。由眼高手低，到低到尘埃。我觉得这是好事。高考真能磨炼人，它让一个孩子，在短时间里，迅速地成长起来。

你很客观地分析了你的现状。在数学上，再难提高，要做的是，稳住，把分数稳在140分左右。英语也就这个样子了，上升的空间有，但小。唯一有升缩可能的，是语文。而语文前面的基础知识，凭二十多天，根本难再提高。那么，只剩作文了，如果作文写砸了，那就彻底砸掉了，你得确保作文得分在60分以上。

我开始佩服你缜密的思维了。你分析完毕，一头钻进你的房间去。

你说，今晚要在规定的时间里，写出一篇作文来。

身体锻炼继续中。最近，你想出举重下蹲这一锻炼法。今天下蹲了30下，做了30个俯卧撑，做了40个仰卧起坐。身体练得结结实实的。你在你爸跟前，秀一身的肌肉疙瘩，让你爸惭愧得不行。

天生我材必有用

5月10日　星期一　天气晴

某小孩说，天生我材必有用。某小孩说这话时，一副神采奕奕的样。

某小孩好几天没这么奕奕了。

有什么好事儿呢？不就是三模的总分，达到一本了么！某小孩纠正，不止，比一本超出30多分啊。

市里按高考录取人数的比例，给这次三模划了分数线。某小孩的总分，跃出本一分数线之上许多。乐晕头的是某小孩的老爸，他说，照这个趋势，上武大，还是很有可能的。他多喝了一瓶啤酒，仿佛某小孩的录取通知书已经到手了。

我就奇怪了，怎么我一直这么冷静呀。得，是情理中的。不得，亦是情理中的。我对某小孩的得与失，表面上，淡然得像天上飘着的云哪。

心里面却欢喜得直冒泡泡的，嘴上对某小孩说的却是，要淡定，要淡定。

某小孩说，这两天学校请了不少专家，给我们开讲座，向我们介绍高考经验。纯属浪费我的时间。某小孩大不屑，那些专家只会空讲。

我跟某小孩辩论，我说，听听人家的经验，总是好的，何况是专家的呢！

某小孩引用一句康德或谁的理论回我，我不惧怕权威，我追求真理。惊得我的眼球快掉落下来。哎呀呀，这是我的小孩么？啥时也能雄辩如此？

某小孩自去苦读了。我们上街，半路上听见叫卖西瓜的，十块钱三斤。某小孩的爸爸说，给儿子买一个吃吧，儿子这么乖。

回头，真给某小孩挑了一只西瓜。某小孩啃瓜的时间都没有，于是我把它榨成汁，哄着某小孩喝了一些。

某小孩48套数学仿真练习，就快研究完了。某小孩的作文，越写越顺溜了。某小孩的英语背诵，比以前好多了。某小孩的梦想，离现实近了。

温故而知新

5月11日　星期二　天气晴

天晴好。晴好的天，让人的心，无端地想飞。

这个时候出门，眼睛是最有福的，花花草草们，该绿的都绿了，该开花的都开花了。胡萝卜开花也好看，细小的浅白的花，簇成一个花盘子。而一种叫一年蓬的野草，开的花是镶了彩边儿的。大自然的妙手，谁也不敌。

我的小孩，你是一棵胡萝卜呢，还是一株一年蓬呢？或者，就是那绿绿的狗尾巴草。不好意思啊，我喜欢把你往植物上想。人嘛，也是地球上的一棵植物呢，只不过略有些特别而已，是棵会行走的植物。

你学习状态良好。后天你们又考试，是最后一轮摸底考试吧。你非常非常想，这次考试你能稳定局势，坐稳你的江山。

晚饭时，我们瞎聊。你说，真快，只剩26天了。你设想，假如高考考得好，一定要设宴，把哪几个老师好好请一下。你特地提到一个老师，说在你学业水平测评时，人家付出很多。

我真是高兴，不谈你将来考得怎样，单单冲着这一点，我觉得，你很优秀了。因为你懂得感恩，能够记住别人的好，且想着去回报。感恩是多么好的一种品质啊！我的小孩，妈妈希望你的身上，永远有这样一种品质在。

和往常一样，这次考试前，你想自己待在家里复习。对于你做出的决定，我们没有理由不赞成。由我出面向你们班主任告假，我想你们班主任肯定烦了你这样的学生的。这，顾不得了。适合的，就是最好的。

你天天拿一篇写好的作文给我看。你写得，越来越好了。

不畏浮云

5月12日　星期三　天气晴

王安石在《登飞来峰》中作诗云：“不畏浮云遮望眼，自缘身在最高层。”那是九百多年前的事儿了。那时，王安石身怀变革社会的抱负，在千阻万难之中，踽踽独行，信念不肯丢。今天，被我的小孩子引用了来，是要摒弃什么呢?

你说，心里好乱。一天的“闭关”学习，你身心皆孤独到极限。

晚上，我和你爸出去散步，才走了没多远，就接到你打的电话。租住房内无电话，你跑去楼下报亭打的公用电话。你问我们什么时候回家。期盼我们回家的心情，相当迫切。

我和你爸，脚步不敢滞缓一点点，赶紧打转回家。你爸人才到楼梯口，就叫开了，儿子，你怎么啦?

你要我们陪着出去走走。好，咱们一起去走走。我们沿着街道，从向阳桥，到国贸，买了炒栗子你吃。我们再从国贸，到苏中，绕了一圈回家。一路上，我们闲闲地说着话，都是与考试无关的。

说起女生追男生，——这是你感兴趣的话题。你说你告诉娴娴，有女生狂追过你，她不信。你翻出女孩写给你的情书，一句一句念给她听，她才信了。

娴娴是你表妹，这两天来我们这里吃饭。你们有时嘀嘀咕咕的，原来，是说这事儿啊。

我的小孩，我不喜欢你这种炫耀。爱，是最不能炫耀的事儿。它是圣洁的，是容不得亵渎的。纵使，有一些人你不爱，但因她们爱过你，施予你美好的情感，你也应该雪藏它。

你狡辩，你说，我又没说给外人听。

那就好。

我们一起背王安石的诗，背到其中这样一句：“君不见咫尺长门闭阿娇，人生失意无南北。”击掌叹，真正说到人的心坎里去了。

散步归来，你平静多了，一头没进房间做练习。今天的任务还有一些没完成，作文没写，一些数学题没做好。你强迫着自己去完成。

黑漆漆的夜里，有谁知道，一个小孩的窗口，还亮着灯。

蜀道难

5月13日　星期四　天气阴

入夏以来，天气倒有些像春天了，早晚薄凉，白天阳光明媚。

一些花，开得越发的好了。我几天没见，校园里一排月季，都开了花。采两朵回来，插在我的小孩书桌上。我希望你的书桌上有花香萦绕。

你说，蜀道难。我想到后面还有一句，难于上青天。心戚戚焉，考大学之路，的确不那么容易走。

今天你考了数学。你说卷子难得要命。我在心里疑问，是卷子本身难呢，还是对于你来说是难？

唉，请原谅老妈的疑神疑鬼吧。临到大考，我也乱了方寸。

有比我更乱的那个人呢。看看你老爸吧，本来在所里值班的，因我在电话里说，儿子数学考得不好。他在电话那头连说几个没得命了。后来又追问，到底是真没考好还是哄他的。电话里说了不算，为了核实真伪，这人竟“擅自”脱离岗位，跑了回来。瞧他那紧张的。还没真的大考哪，假如真的大考，还不知他会紧张成啥样呢。

你比我们要镇静，宽慰我说，妈妈，即使我数学考得再差，也是有底线的。又自我感觉良好地说，我今天作文写得不错。听你说，今天作文题是《消失与重现》。你灵感乍现，在最后来了一句升华的话：消失的亦可再出现，出现的未必能永恒。很哲学啊。你对这句貌似哲理的话，回味了又回味。

明天上午考政治和历史，下午考英语。政治和历史这两门我现在不担心了，你已能轻松应对。只是英语，一直是你的死对头，你试图打败它，做梦都想打败它。

新蚕豆上市了，我们天天吃。

不成功，便成仁

5月14日　星期五　天气阴

天气转阴，温度陡降。初夏的天，却薄凉透顶。

季候是这样变化多端，人的心情，也如是吧。

譬如我的小孩。

我其实，是知道你压力很大，你却故意不表现出来。心里也是郁闷着的吧？表面上，却佯装轻松，谈笑自如。那容易让人看成是乐观，是豁达。谁天生是乐观、天生是豁达的呢？有时打击多了，麻木了，人不由得变得无所谓起来。这个无所谓，也是豁达吧。

这最后一轮摸底考试，你的数学，我觉得考得还行，你却说是惨败。一道平面几何，你硬是把它看成是立体的。你说你空间想象能力实在太丰富了。结果，那道相当简单的题，你做错了。16分哪，你连连跺脚叹。

反应比较大的是你爸，他经不住你的起起伏伏。你“起”，他乐得眉开眼笑。你“伏”，他唉声叹气，仿佛世界末日。我倒是平静得很，只是不能为你分担内心的焦灼。我能做的，就是陪你说笑，一起闹着玩。这或许，是减轻你压力的最好途径。

看看，还剩23天了，你写下：23天，不成功，便成仁！我的小孩，这样的话可以说，这样的行为不可效仿。把后路全堵得死死的，除了功，就是仁。事实上，人生的道路千万条，随便踩上一条，也能活下去，也能活得很好的。

还是走到哪一步说哪一步的话吧。船到桥头自然直。也许，现在好多的担忧，都是多余的。

不破不立

5月15日　星期六　天气阴

最后一轮摸底考试的成绩，全部出来了。拿三模比，你略有倒退，年级排名15，英语比同桌严少了10多分。

你的心态倒是好的，嘻嘻哈哈着，没把这当回事。你说，慌什么，我这是故意的，我要积蓄力量，底下还有一场热身考试呢。

我心里却没底啊，不知你玩的是真的还是假的。最焦急的是你爸，他几乎没心情做其他的事，整天祥林嫂似的说，儿子成绩真的滑下来了怎么办?

他试图跟你讲道理，要你认真对待每一场考试，要你抓紧最后的时间。你哪里听得进他的道理，立马把他顶回来，你懂个梦！气得他直揉胸口。

贴在墙上的纸片儿却一点不含糊：22天，不破不立！字字如裂帛。

“不破不立，不塞不流，不止不行。”只不知，我的小孩破的是什么，立的是什么。

一晚上，你在房内沉思默想，一会儿翻翻这个，一会儿翻翻那个。近十一点的时候，你突然出来，跟我们宣布，明天我要去找补课的王老师谈谈。

你爸不放心地问，去一趟不容易，你都想好了问王老师什么问题吗?

你“嗤”一声，说，这就不用你操心了，我连这个都没想好的话，我干脆不要参加高考了。

那么，好，咱什么也别想了，洗洗睡吧，明天早起好赶路。

知耻后勇

5月16日　星期日　天气阴

早起，全家人集体出动，去百十里外，找王老师谈心。

乡下的麦子快熟了，桑园里已是一片绿油油。一路之上，我看着车窗外，心里涌动着一些情绪，人世迢迢，得历尽多少叶枯叶绿？大浪淘沙，到头来，真正能修得个功德圆满的，少之又少。

尽管这样，我们还是前赴后继地往前奔去。

你闭着眼睛，一门心思睡觉。看着你疲惫的样子，我虽心疼，却无计可施。曾在你爸的笔记本上，看到他写下的这样一段话：

都是这可恨的高考害的，把我这个善良的父亲，硬是弄成像周扒皮一样的人。

呵，周扒皮是谁，我的小孩不知道吧。那是从前的一个故事，地主周扒皮对长工苛刻得不得了，为了让长工多干活，他半夜躲鸡棚里，学公鸡啼。公鸡叫，说明天亮了，长工们就得起床干活了。

我的小孩，我们有时“逼迫”着你学习，其实我们心里，亦是不好受的。

到达王老师那里，我和你爸避让开了，出外乱转，留你在老师家谈心。我们蹲在一条河边，看人家钓鱼。我们转到人家的房后，看一些碎锦般的红花酢浆草。那些小花儿，真像幼童天真无邪的笑脸。为打发时光，我们一朵一朵数着玩。细密的雨，无声地飘着，有女人出门倒水，好奇地看我们一眼，她一定疑惑，这阴雨天，这俩人闲待着干什么呢？

我们在等我们的小孩。

谈心一结束，我们立即马不停蹄往回赶。你的神情是轻松的，愉悦的。看来，和王老师谈心的效果不错。

一路上，你很有闲情地跟我们逗嘴皮子。但跟王老师谈了什么，你却绝口不提一字，你有你的秘密要守。

你今天写的励志语是：21天，知耻后勇！我私下猜测，对最后一轮摸底考试，你还是介意的，同桌英语一下子比你高了10多分，你哪里能做到心平气和？在心里发着狠呢。

好，知耻好。

湿湿的心情

5月17日　星期一　天气阴

这几天，天气不好，阴且雨。到处都湿湿的，包括人的心情。而在比我们更南的南方，狂风呼啸，普降暴雨。灾难，总是离我们很近。人类的生存，实属不易，有太多的不确定。幸与不幸，都是转瞬间的事情。

你的学习也不易，尤其到了最后这个阶段。你爸耿耿于你最后一轮摸底考试，有时难免会唠叨你两句，他怕你真的滑下去。你却强悍得很，容不得他说什么。一说什么，你立马反驳，仿佛全世界的真理，都掌握在英雄少年的手里，我们，都成老朽。

你其实，努力维护的，只是内心的怯弱罢了。可是我的小孩，你要知道，你面对的，是爱你的父母啊。天下只有嫌弃父母的孩子，哪有嫌弃孩子的父母？纵使你再不好，你依然是我们手心里的宝贝。

午饭时，我批评你对你爸的态度不好，你跟我顶起嘴来，委实把我气得不轻。你理直气壮的是，要高考的是你，受苦受累的是你，而不是我们。所以推导出，你的所有要求都是合理的，我们的所有付出，都是理所应当的。

从中午，到现在，你一直气鼓鼓的，跟我生着气呢，话也不肯说了，一个人关在屋子里，闷头做练习。这也好，也该让你反省反省，考前让你落到地上来，你才看得清，原来，你没有长翅膀啊，你也不过是靠双腿走路的。

沉默中

5月18日　星期二　天气阴

哎，你看我，是不是有点自作多情呢，人家理都不理我，我还巴巴地用笔记下他今天的点滴。

你去上学，或是你回来，都再不是小羊羔似的唤一声，妈——

饭桌上，你再不是边吃边跟我逗嘴皮子。也不再在饭后嘴都不擦，就来亲我的脸。

也不再绕着我转圈，缠着我索要拥抱。

也不再找我诉苦，茫然啊茫然啊。

你不跟我说话，但你吃我做的饭。饭桌上，你把饭吃得风卷残云般。我还从没见你如此快速地吃过饭呢。以前你每顿饭，都要花大量的时间，慢吞吞着。而现在，你避免跟我待在一起，尽量早点吃好了早点离开饭桌。看来，生气对你来说，是有好处的。

你不再喋喋不休。一个人关在房内看书做练习，基本做到足不出房。

但我，还在为你做着事。逛商场时，看到适合你穿的衣，我要看一看。看到你喜欢的鞋，我要看一看。

我也还在念着你，明天吃什么呢？关键是，你爱吃什么呢？在心里，左思右想。

我吃西瓜时，忍不住要喊你出来一起吃。碗里最后的肉，我忍不住要搛给你。还有炒鸡蛋。你爸代我做了，给你搛了肉，给你搛了炒鸡蛋，我面上不动声色，心里是感谢他的。晚上，我睡得晚。我还是跑到你房间里，看看你有没有睡稳。帮你掖掖被子。这一些，妈妈一做，就是十八年。

有些习惯，是改不掉的。尽管，你可以义无反顾一路向前，连头也不肯回过来看妈妈。但妈妈对你的爱，却已成习惯，已融入她的血液里。

黄河九曲终到海

5月19日　星期三　天气晴

雨后的天空，有种奇异的美，是那种纯粹的，不染杂质的靛蓝。仿佛婴儿眼里汪着的一汪水。

我很想喊我的小孩，看看天空。突然记起，我跟我的小孩，还在“冷战”中。心里暗暗好笑，这次，我倒要看看，谁的耐性更大。

早上五点才过，就隐约听到隔壁房里，你起床的声音。这几天，你都自己起床，自己安睡，不要我们催我们叫了。你爸轻轻碰碰我，你听，你听，儿子这么早就起来了。

你读书的声音，在清晨的空气里，回荡。你爸再也睡不住了，说，儿子都起来了，我也起来陪儿子。他果真起床。

我听到他在问你，儿子，早上想吃什么？我去买。你回他，烙饼。很快，我听到你爸开门出去的声音，他替你买烙饼去了。我担心着，那么早，街上有烙饼卖吗？

中午回家，我们还是不说话。你也还吃我做的饭，吃我切的瓜。吃完，我不理你，你自觉无趣，房门一关，你把自己关进了你的世界里。

下午，你去上学，我很没出息地跑进你的房间里。桌上照例是一堆摊开的练习，上面密密写着字。草稿纸乱七八糟散落了一桌子。墙上新贴的纸片上写的是：

18天，黄河九曲终到海！

我的眼前，顿有黄河水，滔滔而至。是的，我的小孩，人生都要历经九曲，方才能抵达它所要抵达的地方。

沧海一粟

5月20日　星期四　天气晴

小伙子终于开口叫妈妈了。

下午你放学归来，我正在厨房忙乎。小伙子一声，妈。叫得好是自然。又恢复了小羊羔似的温柔时光。

其实，小伙子昨天晚上就有跟我和好的迹象，主动来拉我的手，说，你好呀，你好呀。我佯装不理你，心里乐得冒泡泡。

你老爸在一边对我竖大拇指，悄悄道，还是你牛，你牛。我知道他醋着呢。他想看我们的热闹嘛，看我们两个斗得好玩，因为平时都是我们联合一起“欺负”他的。他想坐山观虎斗，可俺们偏不斗了，俺们是一根藤上的瓜和藤。当然，我是藤，你是瓜。

这几天你的认真，我看在眼里。昨天数学测试，卷子相当难，你考了班级第一名。你以为能考140分的，结果，只考了132分。

你深刻地认识到，以往的浮躁，是多么不切实际。于是，开始一步一踏实了。可惜，稍稍晚了点，还有17天的时间，能踏出什么来呢？但，转而想，过了这17天，你还有好多个17天啊，你继续一步一踏实，日积月累，踏出一条金光大道也说不定呢。

17天，沧海一粟！这是你今天写给自己的话。我的小孩，我们的的确确都是天地一蜉蝣，沧海之一粟。尽管微小，但我们仍尽着自己的努力，以不枉费这微小却又充满美好的一生。

夜深得很透很透了。你累了，躺到我的床上。我刚想走近你，你突然伸出手臂，冲我摇了摇，意思是不让我靠近。我忍着没出声，掉头回到我的电脑前。就让你静静躺一会儿吧。

梦里花开

5月21日　星期五　天气阴

又是阴雨天。天气预报说，这雨，将连续下三天。

世界的花红叶绿，越发的纵深起来。楼后院墙内一株蔷薇，粉色的花朵，趴满墙头。我走过时，几个老人正围着那些花在打转。他们都是退休的老教师，余下的光阴里，把花草当孩子养着呢。常见他们对着一株植物，自言自语，面容慈祥得让人想落泪。我的小孩，你说，这是不是人生暮年的寂寞？人活到老，儿女都像鸟飞走了，很少再飞回来，他们用一生经营的巢，就那样，空了。想想，我是不是也有这一天啊？任我把眼光望穿，也望不见你回来看我的身影。然后，我也把花草当孩子养，有事没事，对着它们唠叨。

你下午出门时，不下雨，所以没带伞。回来，是冒着雨回来的。你一踏进门就大叫，妈，淋死我了。这个时候，我把饭菜已端上桌，土豆丝炒肉片，里面加了点青椒丝。牛肉粉丝。鲫鱼汤。另外煮了青蚕豆。菜是我亲自去市场买的，你爸今天因一个案子，去东海了。

听你说淋了雨，我内疚了，怎么就没注意到外面下雨了，给你送把伞去？还好，这天气不冷，淋点雨想来无碍。

坐下来吃饭，你随便跟我说学校里的事：毕业证要交10块钱；英语磁带又拿了四盘回来了；同桌严在攻新概念英语，英语成绩提高很快。你也准备看看新概念英语的。突然笑起来，笑得非常得意。我问怎么了？你说，我后面的女生说，若我考不上大学，我们班将无一人能考上。

呵呵，我也跟着笑。这女生可真有眼光哪，我很感谢她。

但你分明是心慌意乱的，你说，妈妈，一看高校录取的情况，就全散了，文科录取那么少，那些我看上的学校，我恐怕一个也考不上。

我说，考不上就考不上吧，尽努力就行了。

我的安慰，对你丝毫不起作用。你兀自把话题继续下来，你说觉得像在做梦，觉得一切都不真实。想到高考一结束，可以自由地做任何事，没有任何压力了，太不现实了。怎么可能呢？你问我。要是复读，怎么办？你复又问。

我说，不去想吧，走到哪一步说哪一步的话，路又不止一条。

你突然又信心百倍起来，说，像我这般认真的，考不上大学天理难容。

我说，是是是，上帝也不答应的。

你笑了，回房做作业。一会儿却又跑出来，唤我，妈。

我答应，哎。

你说，马上要高考了。

我说，知道了。

你又唤，妈。

我答应，哎，乖。

你说，马上要高考了。

你就这样反复地唤，我就这样反复地应。

是的，我的小孩，马上要高考了。无论是好，是坏，咱都得迎面而上，没有退路的。既然没有退路，还有什么好想的？埋下头，走路呗。

你也终于安静下来，把自己丢进书本里。

我问你今天的标语是什么，你丢过来一句，梦里花开。

这句好。

我的小孩，但愿你今夜的梦里，有花盛开，漫漫的。

一团麻

5月22日　星期六　天气阴

有点小冷。你的短袖子外面罩了一件衫，回来时，还嚷冷。我取出厚衣裳，让你加上。用不了多久，冷暖你将自我担待。

今天的菜肴里，加了一些螃蟹。你很爱吃，一只吃了不过瘾，再吃一只。吃完，还要再吃一只。你爸阻拦，怕你吃多了肠胃不好消化，惹出病来，——关键时刻，得时时小心着你。

与你所聊的话题，离不开高考。数一数，还有14天，两个星期的时间，快得像旋风。你学着小沈阳来了一句，眼睛一睁一闭，一天又过去了。

你爸又做沉醉状。他望着虚空憧憬着你高考后的情景：那时，我们一家三口，乘船下海；我们还会带着你爷爷奶奶、外公外婆，一起去北京；我们还要一起去上海……前提是，你考上了。

你爸说，看见曙光了。

你接口道，啊，再睁眼一瞧，原来那曙光是电灯泡发出的光。

爆笑。

潜意识里，我却没有那么多担忧，我觉得你一定会考上。高三下学期以来，你的成绩，基本上都呈直线上升的趋势。也许最终的结果，未必是所期待的，那并不重要。因为，未来发展的空间还很大，进入大学后，你还可以重新选择。那时，你完全可以按自己的兴趣，来决定你的人生。

但你，还是在担忧。那种担忧，那么具体，那么细碎，像纷飞的杨絮，拂去一个，又来一个，拂也拂不清的。你过不一会儿，就会问我，妈妈，怎么办呢?

所有的学科，乱成一团麻了，又荆棘丛生，让你无从下手。哪一门随便一扯，都能扯出一团麻烦来：做英语阅读理解，8道题你错了3道；做政治选择题，30道题你错了6道；数学也不那么确定了，分数定位在130分至140分之间，再难提升；历史的感觉，也没以前好了；语文更是难说，如果作文不能拿下60分，总分很难高上去。如此一算，你生出恐惧来。你说，妈妈，真的，我怕真的考不上。

我没再接你的话。我说，吃个苹果吧。苹果吃下，你虽还心事重重，但到底回归到书本里去了。

行走的灵魂

5月23日　星期日　天气晴

凌晨，你睡着了。我去你房间看你，你裹在一条薄被里，睡得很香甜，发出轻微的鼾声。这个时候的你，是最幸福的吧，没有烦忧，无关高考。你甚至，还有些好梦在做，在梦里看见花开的样子。不，不，不是花开。你说，你看见妈妈在搔你痒痒，你笑着往一旁躲。这样的梦，多么愉快。

窗外，有车经过，发出轰隆隆的声音。我生怕那声音会惊扰到你的安睡，去阳台上把窗子拉拉紧。今晚的月亮很好，我抬头，一个人，静静看了好一会儿。想要告诉你，人不管到了什么时候，都要有一颗爱自然的心，要学会欣赏自然，不辜负，——这些，等你高考结束后，慢慢同你说。

你过得很混沌，这两天。晚饭后，你缠着我说话，你说你集中不了注意力，无法做到心无旁骛地去认真。你说你现在已无对手了，同桌严根本不是你的对手，你的数学轻易就能比他高20多分，你的语文他永远也追不上，你所欠缺的，只是英语，但平时他的英语，跟你相差无几。

我说，你为什么不把自己当作对手呢？每天进步一点点，今天的你，超越昨天的你，人生才能获得持久的动力。

你说，你也想，你也在思考。很快，你把话题转移，两只胳膊圈住我不停摇晃，问我，妈妈，有这么帅的儿子抱着你，你感到幸福吧？

我反问你，有这么漂亮，这么聪明，天下无双的妈妈让你抱着，你幸福吗？

你哈哈大笑，——这是我们的快乐时光。

你爸对你这两天的混沌很不满，他最喜欢看到你坐在房间内学习的样子，每每看到，都会喜上眉梢，——他实在是个好哄骗的人呢。其实，坐着，哪里就能代表真的学习进去了，还有心不在焉心猿意马呢。

你嬉笑着把脸凑到我的跟前来，说，还是我妈妈了解我。我一回头，看见你爸的脸都气绿了。

你在屋子里绕着圈圈，从客厅到房间，从房间再到客厅，低头，做沉思状。问你，在做什么呢？你说，你们不懂，我这是灵魂在行走。

你爸问，还有几天高考？

我答，还有14天。

你插嘴，没有14天了，最多还有6天，后面还要热身考试，余下两天要调节心理。

6天能做出什么来呢？我们愁，你不愁。你瞌睡上身了。你说，妈妈，我要睡了。我说，好，宝贝，你去睡吧。

真希望明早看见你读书的身影，清新得如一株初夏的植物。

定性，定性

5月24日　星期一　天气晴

太阳真不错，照得楼前一排绿树，叶片儿闪闪发光，像镶上了无数的银珠子。你是来不及细看这些的，每日里匆匆上学，匆匆放学。

家是你情绪的收容站吧？好的情绪，坏的情绪，你统统带回来。看见你笑，我们跟着开心。看见你沉着脸，我们跟着揣测，小心探寻：怎么了？

你老爸的表情最是动人，昨晚你在11点钟不到就睡了，他气得牙痒痒，恨不得把你从床上拖起来，按到桌子跟前去，读书，做作业。他说，都到这份上了，他还有心思睡？全松弛得不像话了。

也是，前两日你的确松松垮垮来着。你自己也急，说自己没定性。你在一本书上看到，保持一个坐姿，可以练定性。于是，你把那个坐姿保持了一个多星期，终于坚持不下去了。又想着，每天晚上刷牙洗脸，持续不间断，可以练定性。然你一困起来，就牙不刷，脸不洗。有时我去检查你的毛巾，看看有没有湿。没湿的话，我会把你从床上叫起来，“押解”到洗脸池跟前，重新刷牙洗脸。有时我却不忍叫醒你，看你困成那个样子。你嘟囔着说，妈妈，明天早上洗吧，我瞌睡死了。我心一软，帮你掖掖被子。于是乎，你每天晚上的洗漱，变成可有可无的了。

今早，你爸五点多就从床上爬起来，去看你有没有起床。想来他是蓄着火气的，若你没起床，他肯定憋不住要在你床边大吼两声。你却早早在读英语了。我听见他悄悄回房，一迭声轻笑，嘴里轻声嘟囔道，臭儿子。

这个臭儿子伸手问他要钱。茶是从不喝的，渴了必喝饮料。家里饮料没了，又得重批一箱子回来。他眉头皱都没皱一下，掏出50块。不过，在递出钱的同时，不忘强调一句，只要你好好学习。

可怜天下父母心哪!

我想到我刚看到的一篇文字，是一个母亲写给高考儿子的，在文中，那个母亲几乎是一字一泪。她的儿子临到高考了，还流连在网吧里，母亲在网吧里找到他，气结得半天说不出话来。母亲用了一个词来形容她当时的心情：撕心裂肺。

相比较之下，我的小孩，你简直好到天上去了。那些场所，你从不涉足。家里有几台电脑，你也极少玩。你说从前也是喜欢的，好奇的，但现在，没有这份闲心了。

这一说，我又觉得你成熟起来。很感谢你啊，没有让我撕心裂肺。

那只魔瓶

5月25日　星期二　天气晴

上午十时半，我准时做饭。要赶在你放学回来之前，把菜烧好，以便你一到家，就能吃上饭，不浪费你一分一秒，好让你中午可以多休息一会儿。

太阳好得很，钻石一般的。天气在反反复复之后，又热起来。恼人的蚊子，亦开始出没。昨晚有蚊子咬你一口，把你脚踝处咬出一个小包包来。今日白天，我关起房间的门，在里面搜寻，终于把那只可恶的蚊子，给寻着了。当下杀心起，“啪”一下，结果了它的性命。这下，它再也咬不着我的小孩了。

偶尔你也跟我聊点与高考无关的话题。譬如，后面的女生跟你调侃，说你身材好之类的。你甚至“抢”了她一块蛋糕，带回来给我吃。你不无得意地说，我很有女生缘的。

譬如，你同桌严最近又开始追女生了。你说了其中一个细节，早间操，你俩伏在楼梯上，看下面走着的女生。严突然两眼发光，说某个女生今天真美啊。那是他喜欢的一个女生。你左看右看没看出来。你问，哪儿美？严答，她今天把头发扎起来了。

你叹，真不知他什么眼光，头发扎起来的女生多着呢。口气里全是不屑。我逗你，你不认为美啊？你说，也就一般般吧。

你将来要找个什么样的美女做女朋友呢？呵呵，想到这儿，我就乐不可支。也许，你最终会回归到寻常中来，知道唯有寻常，才经得起岁月的考验。容貌，是最靠不住的。

小房间的一面墙上，贴满你的目标计划。蓝色纸片儿，一片一片，像小旗帜。上面还有你几十天前写的：“武大，等着我！”你在那面墙下做作业，一抬头，就与那些小旗帜相遇。我不知道，当那些小旗帜，在你的眼里激荡的时候，你的心里，会泛起怎样的涟漪。我知道的是，我的小孩，他活得也很辛苦。

总算快了！你这样感叹，一方面害怕那天到来，另一方面，又盼着那天到来。它很像一只魔瓶，里面装的是魔鬼还是天使，谁知道呢？你害怕揭开那个盖子，又急于想早点揭开那个盖子。心在等待的刹那，最是忐忑。

我能做的，就是静静守在你身边，等你累了时，有个可以投奔的怀抱。你说，妈妈，抱抱。我立即张开怀抱，拥你入怀。嗯，妈妈张开双臂的样子，是不是像只护雏的老母鸡？

舍我其谁

5月26日　星期三　天气晴

舍我其谁！这是你掷地有声的话。

你自信心突然暴涨，缘于今天下午的数学小考。你做得很顺利，后面的两道大题目比较复杂，你说你们班除了你能解，将无人能解。不过，一条原本做对的小题目，在复查时，你把它改错了。卷子交出后，你一迭声说，哭死了，哭死了。懊恼得很了。

要是不改的话，我保证这次是年级第一，你这样对我说。

看你兴高采烈，我和你爸，也跟着心花怒放。你爸叹，哎，就这样，我们就这样，最好了。

我的小孩，你辛苦的求学路，也终于要暂告一段落了。这一路走来，我和你爸，谈不上心力交瘁，也是备受折磨。因你哭过，失望过，甚至绝望过，可好的是，你一步一步，走过来了。而我们，也一步一步，走过来了。

你说，该干什么，我现在自己清楚。

人活得不糊涂，这才是真正的活。

这将是你一个人的舞台了。而我和你爸，做你最好的观众。

今天给你做青椒炒肥肠了，是你点的菜。

天蓝蓝

5月27日　星期四　天气晴

真喜欢这几个字：天蓝蓝。

天真的蓝。蓝得纯粹，一丝杂质也没有，像一匹刚染好的蓝花布。

你居然有这样的心，看天，在昨晚临睡前。你看完后跑到我房间汇报，妈妈，天上的云好看极了，月亮隐在云里面。

我的小孩，你真让我惊喜，人间多少美景，都被人类漠视掉了。而你，在这高考前夕，居然还能抬头看天。不单看了，还看出它的好来，并因它而心生欢喜。你没有辜负你的眼睛。

日子也是蓝蓝的，虽然有点小紧张。我和你爸，努力给你营造轻松和谐的气氛，我们一起逗乐，一起打闹，我们也跟你谈谈女孩子。你眉飞色舞地说起喜欢你的女孩子，是怎样形容你的，她说你的神情里，有淡淡的忧郁。

忧郁？我的天，你别装酷了好不好！你忧郁？若你忧郁，天底下的人个个都是深度忧郁。你听后哈哈大笑。

你说现在班上同学谈论得最多的是，考不上大学怎么办？这个问题，你也在想，虽然我们竭力让你不要想。但你说，不想不现实啊，将来能否自由，取决于这次一搏了。你向往的自由是天马行空。那种天马行空我也想有呢，但自从有了你，我就再也天马行空不起来了。

就像明天，我要去湖北开一个笔会。几星期前，我们就讨论过这个问题，到底去不去呢？你每日回来，都要问一句，妈妈，你什么时候走啊？我说我走了你想不想？你说，没事，没事，我会好好的。

好在只有三四天的时间。但我心里仍是牵着挂着，有点小内疚。在这关键时刻，我却不能分分秒秒陪在你身边。你倒是一脸灿烂，跟我说，没事，没事，该做什么我自己知道的。

这会儿，你洗完澡，跑来跟我说，妈妈，我想睡了。我说，睡吧宝贝。你过来亲了我一下，把这一天蓝蓝的心情，带进梦里去了。

征战之始

5月28日　星期五　天气晴

我踏上开往湖北的列车时，你正坐在教室里。

将有三四天与你小别。这次小别，心里虽牵着念着，但我比以往任何一次都轻松。因为我的小孩，根本不用我督促着学习了。

看到跟你差不多的男孩子，我自然想到你。那是和我同一个车厢的。我的眼光，不自觉地一次一次，落到他身上。我甚至从包里掏出洗好的黄瓜，请他吃。

他是去湖北一个寺院的。初中毕业，他就跟着寺庙的师傅学着念经，做佛事。我很想问问，孩子，你咋不读书的？我还想问问，孩子，你的父母心疼不心疼？看他很老练地打着手机，跟别人开着玩笑，话语里不时夹杂着两句粗话，我把涌到嘴边的话，硬是强咽下去。

打完电话，他突然转过头来，问我去哪里，去干什么的。我一一回答了。他相当老练地说，你写文章不赚钱吧？我们做一场佛事，少说也有好几千的。

我无语，心痛得慌。我的小孩，我情愿你将来钱少赚点，也千万别把自己弄丢了。青春的年纪，一定要有青春的气息和操守。

跟你爸一直热线联络着。听说上午你在教室里异常瞌睡，结果伏在桌上睡了一节课。你疲惫的状态，让你爸颇是担忧。中午他安排你去浴室洗了个澡，他希望你能变得神清气爽起来。

你今天的励志语是：9天，征战之始！看得你爸热血沸腾，仿佛就看见有旗帜在风中猎猎，他的儿子，正骑在一匹战马上，一路厮杀而去。

俄顷风定

5月29日　星期六　天气晴

武汉的温度，噌噌噌直往上冒，一下子高达30多度了。

我在木兰山上。

哪里的山，都是类似的，相似的树木，似曾相识的野花野草们。凿好的石阶，一路上去，一路下来。我相遇到不少的蝴蝶，还看见水面上飞着的两只蜻蜓，还有不少的野鸭。山是它们的乐园。

心里却一直想着你，我的小孩。家里的温度高不高？我的小孩他知不知道换上单衣？亦记挂着，今天是你高考前最后一次热身考试。我一直在等，等到傍晚了，估计你也放学回家了，才打电话给你爸。

下午考的数学，这是你的重头戏。你爸很委婉地向你打听考试情况，你淡淡说，还可以，比想象的要简单。但，就是不在状态，做试卷的时候，脑子昏昏的。

你爸一下子找到他以为的原因，说你睡多了。昨晚十一点就睡了，今天六点半了，还没起床呢。我真是服了你爸，他恨不得你一天二十四小时都在用功的。我的建议却是，你现在完全可以放放，身心轻松最好。

你贴在墙的新纸片，硬是让你爸磕破脑袋也没想明白，那上面写的是：

8天，俄顷风定！

呵呵，我的小孩，你总在考我们的智力啊。风定之后，是不是秋天漠漠向昏黑了？不要，不要，我希望风平之后，重见艳阳天。

才下眉头，却上心头

5月30日　星期日　天气晴

我去参观武汉光谷街。

天桥之上，我看到一个捏橡皮泥的民间艺人。他蹲在桥头一角，眨眼之间，把一块橡皮泥，捏成一朵盛开的玫瑰花，瓣瓣鲜艳欲滴。

当然，打动我的不是这个，而是他的手。那是怎样的一双手啊，五指全都扭曲在一起，没有一根指头是完好的。却灵活，他不停地捏着，花在他手底下欢天喜地开着。不断有路人停下来，问他买花。他淡淡笑着，包装好他们指定要的花，看得我心湿润。我当时就想告诉我的小孩，你看，你看，这人生，再坏也坏不到哪儿去，只要不放弃，都能活出灿烂来的。

听你爸说，昨天的热身考试中，你的语文、数学都考得极好，数学

152分，名列年级第一，远远把同桌严甩下去了。也终于实现了你的抱负，你考了年级第一。不过今天下午的英语，你考得不好。你说阅读理解太难，占用了你太多的时间，后面的作文还没来得及做，交卷的时间就到了。

今天，你贴在墙上的纸片上写的是：7天，才下眉头，却上心头！我的小孩，你为你的英语愁肠百结了。你爸这时的表现我顶喜欢了，他安慰你说，无论怎样，该来的总会来的，该去的总会去的，别想太多了，眼睛一闭，脚一跺，什么都过去了。

别怕，儿子，还有我呢，他说。

我人虽远在武汉，都似乎听见他拍胸脯的声音了。这时候，他站成了一棵伟岸的树，让我们仰视，让我们心安。

光阴如梭

5月31日　星期一　天气晴

田里的麦子熟了，从江南，到江北。满世界的麦子，都熟了。

武汉。江苏。我坐火车回。一路之上，满眼都是金黄的麦穗，仿佛在金水里刷过似的，让人望见成熟的喜悦。我想着你我的小孩，你种下什么，直接决定了你能收获到什么。而你付出多少汗水，又直接决定了你能收获到多少果实。

你的“麦子”，也熟了，到了收割它的时候了。你举刀在手，左右环顾，身前身后，风吹过来，再吹过去。你说，妈妈，光阴如梭啊。

这话我听出伤感来。你也终于，伤感起来了，像成人一样。这让我难过，十分十分的。

还有6天时间，你能收割到多少成熟的“麦子”呢？高考那块庄稼地上，有人丰收，有人颗粒无收。这取决于你平时的勤劳与否。付出，总会有收获的。这很公平。我的小孩，你以后还会有许多的庄稼地的，请记住妈妈的话，平时一定要认真播种，勤于管理。

你看书看不进去，出来围着我转。

你说，妈妈，你好啊。

我应，你好，宝贝。

你继续说，妈妈，你好啊。

我继续应，你好，宝贝。

我能感受到你内心的不安与慌恐，而我能做的，就是尽量抚平它们。

天气微凉，你却浑身燥热。让你洗了一个澡，情绪平稳多了。快快乐乐地跟我道晚安，早早上床睡了。一会儿我推门进去看你，你已发出均匀的鼾声。

做个笑到最后的人

6月1日 星期二 天气晴

又是顶好的晴天，空气恰到好处地清凉着。

这样最好，短衫外面可以套件外套。你喜欢的那件红色外套，一直穿着。

我出门，别人都会关心地问，你儿子要高考了吧？我说，是啊。别人会同情地说，紧张吧？我笑回，没有啊。

我还真的不那么紧张兮兮了，该干吗干吗，我看书，写作，一着不落下。对你，亦没有特殊照顾，现在一天三顿，管你吃饱吃好就行了。

你来缠我，我若嫌烦，还会挥手让你走开。我对你说得最多的一句话是，走开走开，没看到妈妈正忙着吗。你也不生气，嬉皮笑脸讨要一个拥抱，或者亲一下，真的走开去。

你爸比我紧张多了，跟你说话，几乎句句不离高考。看到你松懈了，出门时还叮嘱我，你也说说儿子，让他抓紧点。我嘴上答应是是是，实际上，根本不逼迫你。甚至，怂恿你玩。呵呵，不就是高考嘛，谁没考过？我考过，你爸考过，你舅舅考过。最后结果如何，现在基本上定型了。所以这几天，你能放松就放松，书可以翻，也可以不翻，都无关紧要了。

跟你爸聊到你高考后的事。我说不管你考得好与不好，我都接受。好，我为你庆祝。不好，我也不过分难过，会好好陪你度过。因为这些日子，你的确努力了。只要努力了，也就无悔了。

我们聊到星星的孩子，那些患了自闭症的。我真是打心眼里同情他们的妈妈，摊上那样的孩子，那颗做母亲的心，该碎裂成什么样子？可是，还是要爱的。因为，每个孩子，都是父母身上掉下的骨和肉。而我，多么庆幸，我的小孩他健康，阳光，朝气蓬勃。你让我们少担了多少心哪。谢谢你这么健康！

今天你有得意的事，下午放学一回来，就跟我做酷酷的动作，心情大好。我问，什么事啊？你说，你猜！我还未猜呢，你已迫不及待宣布，你这次热身考试，考了年级第一名。

我心里也为你激动，但表面上，风不吹，云不走。我说，哦。

你有些失望，你说，妈，我可从没考过这么好的成绩呢。

我点头，是的是的宝贝，假如这是高考就好了。

你一下子冷静下来，你说，也是，高考如果考这么高，就太好了。

不想让你膨胀得飘起来，人还是双脚踩在大地上踏实。想起我在读高中时，我的老师说的一句话，谁笑到最后，谁才会笑得最好。我的小孩，妈妈希望你是那个笑到最后的人。

人生一场重要的仪式

6月2日　星期三　天气晴

轻松了，我的小孩。

从今天起，老师基本上不布置作业了，且要求你们，晚上十点睡，早上六点半起床，只要赶上七点钟到校就行。哪怕迟到一点点，也没关系的。

有充足的睡眠，才能保持充足的精力。你们老师的做法，是对的。

你说，现在邓老师看你们的眼神，越来越温柔了。

我能体会到邓老师的心情。三年啊，你们在一起生活了三年啊，多少个朝朝与暮暮。

我问你，伤感吗？

你说，没有，就想着毕业了怎么去玩。已与同学约好，要一起去旅游。

也是，你们的别离，不像我们当年，一别有可能从此天各一方，再不相见。网络与通信如此发达，你们相隔再远，也能在瞬间联系上的。这是时代的好。但我，还是喜欢留一点淡淡的想，淡淡的牵，淡淡的暖。——妈妈迂腐了。

你把学习的节奏自动放缓，每天看一点书，做一点练习，偶尔还很有闲情地翻翻我拿回的样刊样报，——这都随便你。你爸有些性急，一看见你玩，就急，仿佛天掉下来似的。他说，都到什么时候了，还这么松懈这么松懈！我的小孩，理解一下你爸爸吧，他一门心思巴望着你好，巴望着你比他强。为人父母的，没有不是这样的。

你缠着我上淘宝买衣裳，说是高考时穿。你振振有词地说，我一生只经历一次高考，所以要以崭新的面目参加。

哎，我的小孩，人生哪一天不是崭新的啊？要是都有这样一颗隆重的心，该多好。

我答应你，给你买，从上衣，到裤子，再到鞋子。我看中一条白色的裤子，价钱偏高，要好几百呢。你一看，立即否定了，说，这么贵，不买不买。我假装要买，你按住我的手，不许我点击购买。心下稍得安慰，你到底还是懂得疼惜父母赚银子的辛苦的。

衣服定下，你放心了，眉眼里全是欢喜。问我，几天能到货啊？一会儿又问，会不会赶不上高考？

呵呵，放心吧我的小孩，假使真的赶不上，我哪怕到街上商店去抢，也给你抢两件新衣裳回来的。咱把高考当作人生一场重要的仪式呢。

花事碰落光阴

6月3日　星期四　天气晴

气候真是宜人，温暖的，又是凉爽的，到处都充满青绿。这样的青绿，在人心里荡起生机勃勃的波，一波，又一波。尘世欢喜。

花们呢？不经意间，曾经的旖旎春光已悄然隐去。我站在一个花圃前看，鸢尾花的叶子疯长，不见花一朵了；虞美人只剩零星的几朵，门庭衰落；蔷薇花的花事已了，昔日的团团锦簇，片甲不留；轰轰烈烈的海棠花、紫荆花，也都消失不见。无端想起一首诗来：“红白初盛开，青绿便铺陈。光阴才逡巡，花事已拂尘。”到底是光阴短暂还是花事短暂？我以为，是花事碰落了光阴。

我的小孩，你也把光阴碰落了。眨眼间，你会走路了。眨眼间，你背起书包，摇摇摆摆上学去，念着儿歌：“我们的祖国像花园，花园里花朵真鲜艳。”眨眼间，你都高考了，挺拔的个头，远远超过我，下巴抵到我的额，像个大男人了，——这原不过是，花事一场又一场。

而我，又怎能不恍惚？光阴落，我渐渐老了去，而你正明艳。然这，又是让我顶顶欢喜的，你将有你的路，要走。你将有你的花期，要去赶赴。我除了祝福，还能做什么呢？

高三学生，现在都成了悠闲的一群。校门口我遇到几个，正上着课呢，他们却手拿一瓶饮料，晃晃悠悠地走。门卫对他们也是客气的，觉得犯不着惹他们。没几天了，他们说。门卫赔上笑脸，打开校门，放他们出去，附和着说，是啊，没几天了。

我突然的忧伤。我的小孩，我不希望你是他们中的一个。无论何时，好的品行不能丢。高三过后，生活还得继续，还有长长的路要走。高考不是人生的结束，而是预示着又一段人生开始。

从高考100天倒计时起，邓老师每天组织你们表决心。今天轮到你领着全班学生宣誓，宣誓的内容极有意思：

离高考还有3天，此时不博何时博？我强！我能！我行！只有努力，才有可能！只要努力，就有可能！

你背得滚瓜烂熟了。你说，好玩而已，作用不大，努不努力，还靠个人。

流年暗影里，你就这样，长大了。

一湖平静的水

6月4日　星期五　天气阴

天阴着，云层不很厚，可以望见太阳的光亮，遮也遮不住地，透出一线两线来。

远处有爆竹声，噼里啪啦，噼里啪啦。这是初夏的上午。不知哪户人家，有喜庆的事儿，乔迁新居，抑或新店开张。活着，永远是这么兴兴的，充满生机的。

你的睡眠真叫好啊，一觉睡到近七点。你老爸去菜场买菜回来了，你还蒙头睡得正香呢。他叫一声，哎呀，潇潇，你看看现在都什么时候了！

我听到你的起床声，洗漱声，一切不紧不慢着。然后，你推开我的房门，进来看看睡着的我，在我脸上亲一下，说一声，妈妈，我走啦。

没有“大战”前的紧张了。生活是一湖平静的水，流啊流，倒映着两岸的绿树繁花。寻常日子寻常过，却有种，安然的好。

妈妈的朋友，一个家有大学生的阿姨，特地打电话来关照我，让我这几天，一定要注意你的饮食，要吃得清淡些。肉最好煮白水的，不能吃虾，不要吃海鲜。我征求你的意见，我说要不要这样？你说，不要特意，就按平常吃的吃吧。那么，好，我不特意，一大碗红烧肉，加点粉丝，是你爱吃的。再配两个素菜。也没学人家又是牛奶又是补品的，也就一日三餐，零食都不给你吃了。

随便跟你闲聊，如往常一样，问问你们班上同学的趣事儿。问问你的同桌，这些日子有没有新的恋情发生。

一说到你的同桌，你的话就滔滔不绝。你说他又失恋了。他用手机发一信息给新喜欢上的一个女生，他说，我想你。一会儿之后，那女生回复几个字：关我什么事！让他郁闷得埋头翻书，半天都不说话。

呵呵，我真是有些欣赏你那个同桌了，旧情未了，新情不断，他真是个会爱的人哪。等你爱的时候，会怎样呢？可以痛，可以悲伤，但不要沉沦。感情是一段一段的，这段结束，下段再来，只要用心去爱，总会等来花好月圆的。

拍了毕业照，你对着它自恋不已，问我，妈妈，我咋长得这么帅呢？

我说是是是，人帅真的是没有办法的事。

我们一齐对着一面镜子看，你搂着我的脖子，我环住你的腰。镜子里，我们的笑容，如出一辙。我生出感慨来，在心底，这是我身上掉下的肉啊，这是我的孩子。

你说，妈妈，以后这样抱你的机会越来越少了。

我说，为什么？

你说，我要去上大学啊，我要外出工作啊，我要抱女朋友啊。

我一愣，笑了。真是这样的啊，你已如一只羽翼渐丰的鸟，扑扇着一对翅膀，迫不及待要飞了。

太阳花开了

6月5日　星期六　天气晴

阳台上，一朵太阳花开了。紫红的，秀气得像一张小姑娘的脸。

这花我曾特意种过。花种子是我以前的一个学生寄来的，芝麻粒大小，我把它播在一只塑料盆子里。盆子里装满黑黑的土。土是我特地从他处，当宝贝似的挖回来的。

日日观望，花却没长出来，倒是引来不少小麻雀，成天在盆子里跳跳蹦蹦。想来那些花种子，一定到了麻雀们的肚子里，然后又被它们排泄出去，不定排在什么地方。而那里，将会长出许多的太阳花，在某个阳光晴好的天气里，一一开放。一想到这，我就高兴不已。

这个世界，消失只是相对的，在一个地方消失了，又在另一个地方重新长出来。所谓的得与失，亦是如此。

比如，你的高考。

外面都草木皆兵了。翻开报纸，头版头条，都在说高考。遇到之人，没有一个不言高考的，他们都非常关心地对我说，你千万别让孩子紧张啊。

我又开始恍惚了，你要高考了，我怎么这么淡定呢，该干吗还干吗。你爸局里要放他的假，说家有考生，让他回家照顾考生。你要我们照顾吗？拿了这话问你，你一阵不屑。结果是，你爸照旧去上他的班，照旧去应酬他的。我呢，也照旧上我的班，照旧看我的书，照旧写我的文章。

你呢，把自己调节得蛮好，自去浴室洗了澡，回来看了会儿书，拿我的样刊样报翻翻，对演员黄晓明特别有好感。帅，真帅，你感叹。我说，他不是凭演技吧，是凭长得帅吧。你立即反驳，不，他的演技很好，《神雕侠侣》中，他一炮走红。

我说，没你帅吧？

你哈哈哈，相当地快乐。

可能洗澡受了凉，你有点头疼。我还没留意呢，你已自去药店开了感冒药回来吃。遵医嘱，一次一粒。你把说明书反复看了又看，那份小心，让我好笑又感动。真的呢，你真的，长大了。

我这个“懒”妈妈，倒是把你的能力锻炼起来了。你很多的事，都自己做，考试用的文具用品，自己准备。考试穿的衣裳，自己收拾好了。

且对我们约法三章，考试时，坚决不要我们接送，你自己去，自己回。

我乐得清闲啊，呵呵。我在家唱歌跳舞等你回，如何？

等待绽放

6月6日　星期日　天气晴

楼下一排绿树，真绿。

这是上午八点钟。太阳光还不是很强烈，可是，树上每片叶子，都发着光。几只小粉蝶，飞过树梢去。这让我惊讶，原来，小粉蝶也可以飞得这么高。

你早早醒了，跑进我的房间来，伸手抚我的脸，一下，一下。然后，去洗漱。

我的心，就那么被你抚得柔软了。宝贝，这样的亲昵，还能持续多久？明天，我的小孩，他就要参加高考了。

你突然地紧张起来，夜里睡不着，辗转反侧想的是，考砸了怎么办。

我拊掌笑，感谢上帝，你也会紧张了！

你跟着后面笑，也觉得紧张是件挺逗的事。紧张什么呢？有什么可紧张的？谜底还没揭开嘛，先自怯了阵，自己吓唬自己，不是犯傻么！

可情绪的涨跌，有时是由不得自己的。不想高考，是绝对不可能的事。你说好多的知识还没复习到位，脑子里乱得一团麻，想理清，却无从下手。

我说，再给你一个星期的时间，如何？

你不语。

再给你一个月的时间，如何？

你说，不，还是赶紧考掉吧。

这就对了。学海无涯，就算你终其一生，你也不可以穷尽所有的知识。所以，复习得到位不到位，只是相对的。你就当明天的高考，是一次野练吧，得，收之。失，亦收之。大不了待从头，收拾旧河山。相信，天不会掉下来，地球还在转，花依旧在开，树依旧在绿，你还是我们的小孩。

你笑笑，点头。摊开双手，问我们要钱去买放心早餐吃。出门前，你对着镜子，打理你的头发，整理你的衣领，很自恋地摆一个Pose。青春的气息，在你身上蓬勃。我暗暗想，上帝赐我这么大一个健康的小孩，足够我感谢的了。

沙发上，有你叠放的一件衣，黑色的，领口处镶了白色的碎花。这是你准备明天考试时穿的。今晚你说要好好洗个澡。人收拾得干干净净的，心情也会变得干干净净的。

我笑着看你做着这一切，不插手。

我给阳台上的太阳花浇水。一夜不见，它又冒出三朵花来，在阳光下，淡淡妆，浅浅笑。生命真是奇妙，总是在不知不觉中绽放。而你，我亲爱的小孩，明天，你也将绽放。有疼痛，但更多的是，绽放的欢喜。

等着你的绽放我的小孩。或许你只是寻常的一朵花，将湮没于红尘阡陌中。可是，对于我来说，你是唯一的，你的绚烂，将无可替代。

开 芝 麻 门

调整心态，轻装上阵

50天！箭在弦上了！日子是一串念珠，数着数着，也就数到最后几颗了。高三已到了最后关头。

空气跟着紧张起来，这些天，每遇到人，言必谈高考。父母和孩子，心里打起了小鼓。尤其是孩子，在他们无数次的遥想中，高考，真的来了。怎么形容他们的心情呢？他们在惧怕中兴奋，在兴奋中惧怕。因此，这一特殊阶段，能不能调整好心态，以最佳的状态，迎接高考，对孩子来说，具有举足轻重的作用。

一、前30天，孩子的学习，可以基本上延续前一阶段的做法，全面开花和重点突破相结合，进一步巩固和完善解题的方法与技巧，做最后一搏。

后20天，孩子的学习，节奏要放缓，新的习题可以少做，甚至不做。题海无边，终其一生，他们也不能做完。这个时候，要选择适度放手，而把时间放在重温与巩固旧知识上。可以把平时各学科训练的试题与练习中做错的题，搬出来重新梳理一遍，要确保在高考中遇到类似的题，不会再做错。

二、调整作息时间。尤其在后20天，孩子切忌再熬夜。晚上早睡，早上晚起，以保证充足的睡眠，使白天保持旺盛的精力。

三、父母不要把紧张的情绪带给孩子。

高考一日一日逼近，有些父母比孩子还紧张，简直草木皆兵，三句话不离高考，战战兢兢。弄得本来不是那么慌张的孩子，心口儿发紧，也跟着后面慌张起来。父母的正确态度应该是，淡定，淡定，还是淡定。你轻松了，孩子才会轻松。

四、给孩子吃上一颗定心丸。

说到底，之所以大家这么介意高考，还是沿袭的老传统老观点，认为高考是孩子唯一的出路。事实上，社会上走向成功的人士，并非都是高校毕业的。世上的路本有千万条，上大学不过是其中一条。只要孩子尽心尽力就可以了。就把高考当作一次小测试吧，考上了，固然皆大欢喜。考不上，也不是没有活路。可以收拾旧河山，重整家园，走复读的路。亦可以根据自己的特长和爱好，选择一些技校和职校去读，掌握一门或几门技能。这方面不乏许多成功的例子。亦可以选择别的学习途径，参加社会自考或招考。如今这个社会，给人提供的机会与机遇太多了，错过一个，路绝对没有堵死，还可以走上另一条。既如此，咱还有什么可惧怕可恐慌的？笑笑，再笑笑，高考不就是小菜一碟么！

五、特殊日子寻常过。

不可否认，高考是相当特殊的日子，那些天，全社会的聚焦点，都放在高考上。这时，有不少的父母，在家里如临大敌。他们一改平日的生活习惯，走路轻悄悄地，说话轻悄悄地，看孩子的眼神，亦是小心翼翼的，生怕哪里做得不周，声音过响过吵，而惊动了孩子。在饮食方面，他们也是绞尽脑汁，听这个说，吃这种东西好，立马去买。听那个说，吃那种东西好，又拔脚就赶去了。每做一道菜，都恨不得要研究出它里面的营养成分是几许，弄得人仰马翻的。这样做，不仅不会使孩子宁静，反而使他们不安，因为，他（她）熟悉的生活秩序与生活环境，突然被打乱了，变得陌生了，他（她）会陷入恐慌之中。

特殊日子还是寻常过的好。你平时怎么生活的，这个时候，依然怎么生活，该干吗干吗去。说说笑笑，打打闹闹，寻常饮食，一如既往。让孩子不感到日子的特殊，他（她）会很放松。

陪伴是最好的幸福！

没有什么不可能，有付出，

肯定有收获！